KB120251

대한민국을 읽다

초판 1쇄 발행 2015년 7월 7일

지 은 이 김영모
발 행 인 권선복
편집주간 김정웅
편   집 김성호
디 자 인 이세영
마 케 팅 정희철
전 자 책 신미경
발 행 처 도서출판 행복한에너지
출판등록 제315-2011-000035호
주   소 (157-010) 서울특별시 강서구 화곡로 232
전   화 0505-613-6133
팩   스 0303-0799-1560
홈페이지 www.happybook.or.kr
이 메 일 ksbdata@daum.net

값 17,000원

ISBN 979-11-86673-00-3   03330

Copyright ⓒ 김영모, 2015

* 이 책은 저작권법에 따라 보호받는 저작물이므로 무단전재와 무단복제를 금지하며, 이 책의
  내용을 전부 또는 일부를 이용하시려면 반드시 저작권자와 〈도서출판 행복에너지〉의 서면
  동의를 받아야 합니다.

도서출판 행복에너지는 독자 여러분의 아이디어와 원고 투고를 기다립니다. 책으로 만들
기를 원하는 콘텐츠가 있으신 분은 이메일이나 홈페이지를 통해 간단한 기획서와 기획의
도, 연락처 등을 보내주십시오. 행복에너지의 문은 언제나 활짝 열려 있습니다.

대한민국을 읽다

김영모 지음

행복한에너지

1986년 첫 출판론집 『순간의 책 영원의 책』을 펴낸 지 30년 만에 다시 『대한민국을 읽다』를 엮어낸다. 이번에도 책에 관한 이야기를 썼으므로 필자에게는 제2출판론집이 되는 셈이다.

30년이라는 긴 세월이 흘러 우리의 출판 여건과 독서환경도 많이 바뀌었을 것이므로, 책 이야기를 어떤 식으로 써야할지 주저하는 마음이 앞서기도 하였다. 『순간의 책 영원의 책』이 출판물과 도서관과 독서행위의 유기적 관계에 유념하면서, 인류문화사 개시 이래의 원초적이고 보편적 지적 행위인 독서행위를 주된 명제로 삼고, 그에 부수된 도서의 제작, 서적을 통한 지식과 정보의 전달·유통 기능을 고찰한 소론小論들 모음이었다면, 이번의 책 『대한민국을 읽다』는 탐서력 50년간의 기나긴 세월 동안, 도회의 골목골목을 누비고 다니며 찾아내어 사 모으고, 주워 모은 산더미 같은 책 무더기 속에서 우선 손길이 닿는 대로 가까이 있는 것부터 뽑아내어 읽어 본 3~40여 권점의 근현대사 관련 도서와 문학서, 그리고 문서팸플릿 소책자 신문 전단지에 대한 가벼운 독후감 형식의 소략疏略한 '독서 평설'모음이다. 다만 우선적으로 선택해 읽은 이 도서와 문서들이 주로 필자의 개인적 독서 취향과 기호에 맞춘 문文-사史-철哲주제의 근현대사 관련물에 집중되어 있는 관계로, 한 독서인이 쓴 '독사여적讀史餘滴'이라고 이름 붙일 수 있을지도 모르겠다.

요즈음 대학가와 속세간을 불문하고, 독서들을 하지 않고… 책이 팔리지 않고… 복사와 표절을 통한 지식 절도 행위가 공공연히 성행하고… 인문학이 죽어가고… 마침내는 '스마트폰 커닝'까지… 라는 비명 소리들이 귀 아프게 들려오고 있다.

그 완성될 실체와 도달할 종국점을 점칠 수 없을 정도의 빠른 속도와 거대한 규모로 시시각각 천변만화의 변화의 묘기를 보여주며 명멸을 거듭하는 기묘-현란한 기능의 디지털인터넷 문명 도구들이 쏟아내는, 채 검증-정제되지 않은 조잡한 대중문화 수준의 정보 거리들의 범람 속에, 우리의 지식사회는 당연한 '원인과 결과'로서의 '인문학 쇠퇴'의 길을 걸을 수밖에 없고, 또한 그 틈새를 파고드는 '…힐링' '…콘서트' '…토크쇼'란 그럴싸한 이름의 정치적-상업적 목적의 저질스런 언어유희성 이벤트들이 대학가와 신문-방송계를 점령-장악하여 인류 지성 최후의 보류이어야 할 아카데미즘의 성채를 야금야금 허물어 가고 있는 21세기 초엽의 이 문명 광란의 소용돌이 속에서, 출판-지식산업과 독서문화가 그 설자리를 잃어갈 수밖에 없는 것도 당연한 일이라 할 것이다.

이런 소용돌이 속에서, '독서이야기' 운운하는 이 소책자가 얼마만큼 이 땅의 지식시장의 구매인들의 지적 호기심과 독서욕구를 자극하고 유발해 낼 수 있을지 걱정이 앞서는 것도 사실이다. 그러나 절망만 하고 있을 수는 없다. 이 소책자의 출판을 계기로, 독자들과 함께 비정상적인 출판문화와 독서문화의 정상화를 위한 싸움에의 힘찬 행보를 내딛는 계기로 삼고자 한다.

어려운 여건 속에서도 쾌히 출판을 허락해 주신 권선복 사장님께 깊은 감사의 말씀을 드린다. 또 '화상畵像편집'의 까다롭고 수고스러웠을 여러 편집절차상의 고초와 난관을 극복하고 본서 특유의 유별나게 까탈스런 원고를 잘 어루만지고 다독거려가며 아름다운 지면의 책자를 꾸며주신 김정웅 편집주간과 김성호 님, 원고교열을 꼼꼼하게 해주신 권보송 님, 멋진 표지도안을 해주신 이세영 님께도 아울러 감사의 말씀을 드린다.

2015. 6.

날로 녹음이 짙어가는 관악산 아래

난향(蘭香)서실에서, 지은이

목차

혁 명 공 약

제일의로 삼고 지금까지 형식

공택세를 재정비 강화한다.

고 국제협약을 충실히

우방국의 유대

PART 01

5·16과 〈혁명공약〉

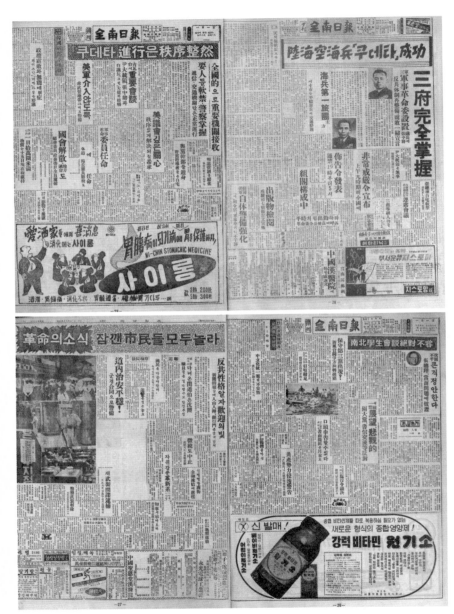

《전남일보》의 5·16군사혁명 보도기사(1961년 5월 17일자)

(1)

　필자가 5·16군사혁명 발발 소식을 맨 처음 안 시간은 까까머리 시절의 고교 2학년생 때인 1961년 5월 16일 오전 10시경이었다. 그날 마침 두 시간 남짓 지각을 한 급우 P군이 등굣길에 보고 들었다며 그날 새벽의 혁명군 봉기사실을 알려준 것이었다. 혁명군 주력부대가 아직도 채 어둠이 가시지 않은 새벽녘에 한강교를 건넜다는데, 착실하게 정시 등교한 선생님이나 학생들이 그때까지 5~6시간 동안 그 누구도 그런 중대소식을 몰랐다는 기이한? 사실이 요즈음 사람들에게는 믿겨지지 않을지도 모르지만, 당시로서는 그럴 수밖에 없었던 것이, 정보의 전달 유통 수준이 낙후했었기 때문이다. 1일 2회 발행의 조석간제였던 일간신문이 당연히 그 소식을 조간에 실을 수는 없었을 터이고, 가뭄에 콩 나기로 중상류층 가정에나 한 대씩 있을까 말까 한 낡아빠진 구형 라디오마저 그 소식을 청취자들의 새벽잠귀에 실어 나르지 못했으니, 비록 그 사유가 보도관제 탓이었을망정, 5·16군사혁명 소식에 관해선 전 국민이 5시간 남짓 먹통일 수밖에 없는 실정이었던 것이다.

오후부터 술렁거리기 시작했다. 방송으로 군사혁명 소식을 되풀이해 내보내었고 거리에는 벽보와 호외가 나붙기 시작했다. 위장한 군 인트럭으로 무장한 장병들이 시가지를 질주하여 관공서와 주요 국가 시설들을 접수, 장악하고 삼엄한 경계태세에 돌입하였다. 다음 날부터는 잇따른 포고령과 함께 혁명입법을 제정할 국가재건최고회의의 최고위원 명단과 군사혁명정부의 새 내각 명단이 발표되는가 하면 각 도·시·군의 주요 직책을 현역 군인으로 바꾸는 등, 군사통치의 제1차적 보루인 행정기관을 장악하고 나섰다.

'국가재건최고회의 의장-계엄사령관-육군참모총장-내각수반-국방부장관, 육군중장 장도영'이란 길고 긴 1인 5개직 겸임자 명의의 포고령이 잇따라 발표되고, 그러는 중에도 이번 군사혁명의 실권자가 공식 서열 제2위인 국가재건최고회의 부의장 박정희 소장이라는 항간의 소문이 점점 그 베일을 벗고 실체화되기 시작하였다. 혁명군 권력의 무게중심이 박정희 소장 주변으로 쏠리는 데에는 오랜 시간이 걸리지 않았음은 또한 물론이다. 이렇게 해서 몇 달 전부터 소문으로 나돌던 '미구에 군사혁명이 올 것.'이란 그 '혁명'이란 것이 오고 만 것이다. 저 아시아 아프리카 후진국이나 이집트에서나 있을 수 있다던 그 '낯설고 눈에 선' 혁명이란 '불청객'이 우리에게도 찾아오고 만 것이다. 다만 오늘날에 와서 생각해 보면 '꼭 와야 할 때' 알맞게 온 것일 뿐이다. 후일 두고두고 일 있을 때마다 '혁명이냐 쿠데타냐.'로 '부질없는' 법률적, 학술적, 정치적 논쟁의 씨앗이 되었던 5·16은 이렇게 찾아온 것이다.

(2)

급한 대로 각종 포고령 법령 발표에 의한 혁명정부의 법적, 제도적 권력기반 구축을 마친 '혁명주체세력'들은 이제 본격적으로 국가재건을 위해 온 국민이 신명을 바쳐 매진하자는 대국민 호소와 함께 미리 구상한 혁명적 국가재건 시책들을 실행에 옮기기 시작했다. 구악의 일소와 반공체제 구축과 경제건설로 축약되는 혁명정책·정강들을 말이다.

사태의 진전과 함께, 진의를 몰라 주춤거리던학생들의 피의 희생의 대가로 수립된 민주당정권과 구정치인들의 부패 무능 파벌싸움에 실망했던국민들도 이에 서서히 동참 협력의 모습을 보이기 시작했다. 공무원과 교사들은 재건복에 명찰을 붙이고 선두에 나서혁명의 무거운 짐수레를 끌어당기는 선도자를 자임하고 솔선수범하였고, 직업 없이 길거리를 배회하던 유·무식의 젊은 실업자들은 삽과 곡괭이로 헐고 부스러진 척박한 자갈땅을 파헤치고 갈아엎기 시작했다. 이에 질세라 굶주려 누렇게 붓고 헐벗은 부녀자들도 물통 대신 모래들통을 머리에 이고 국토재건국토정비, 치산치수, 경지개량의 길에의 동참을 자청, 치맛바람을 일으키기 시작했다. 그야말로 삼천만 군관민이 혼연일체가 되어 죽기 살기로 싸우자는 각오들을 실천에 옮기기 시작한 것이다.

지금 와서 생각해 보면 5·16군사혁명 기간 3년 동안은 수많은 시행착오와 불미스러운 정치 경제 사회적 대형 사건 사고들도 있었지만, 한편으로는 우습기도 하고 재미있기도 하고 스릴도 있고 신이 나기도 한, 그러면서도 진정성과 정체성이 넘쳐흘렀던 위대한 '국가재건'의 실천기간이었다는 생각이 든다. 결과적으로 3천만 군관민의 혼연일체가 되어 흘린 그때의 땀과 눈물과 피가 반세기 지난 오늘날 우리 한국이 이룩해 낸 '한강의 기적'의 물질적 정신적 토대가 되었다는 자부심과 함께.

(3)

그때 등장한 것이 국가재건최고회의가 발행한 이 〈혁명공약〉이다. 가로 10cm, 세로 13cm의 양면인쇄된 반절접이 포켓 휴대용 유인물이다. 국가재건의 혁명철학과 지도이념이 6개 조항 270자의 고딕체 글씨로 집약되어 있는 지침서이다. 6개 조항으로 된 〈혁명공약〉과 7개 조항으로 된 〈재건국민운동 실천요강〉, 그리고 '간접침략을 분쇄하자'라는 혁명구호를 온 국민은 공식행사 때마다, 대소 의례 때마다, 일터로 나갈 때마다 호주머니에서 꺼내어 펼쳐들고 선서와 함께 복창해댔다. 저 6·25동란 때에 복창했던 3개 조항인 〈우리의 맹세〉처럼 큰 소리로 복창하며 국가재건을 위한 심기일전의 새로운 각오들을 다짐했다. 처음에는 계도 차원에서 약간 강제성을 띤 것이었으나 갈수록 그 참뜻이 진정으로 마음에 와 닿아 신명나게 자진 낭독·복창의 수순으로 전화되었었다는 느낌이다. 또 각종 출판물의 판권지나 대소의 유인물 벽보 등에도 으레 삽화, 삽도를 곁들여 인쇄하여 두고두고 그 정신을 상기하고 되새김질하게 되었다.

혁 명 공 약

1. 반공을 국시의 제일의로 삼고 지금까지 형식적이고 구호에만 그친 반공태세를 재정비 강화한다.

2. 유엔헌장을 준수하고 국제협약을 충실히 이행할 것이며, 미국을 위시한 자유 우방과의 유대를 더욱 공고히한다.

3. 이나라 사회의 모든 부패와 구악을 일소하고 퇴폐한 국민도의와 민족정기를 다시 바로잡기 위하여 청신한 기풍을 진작시킨다.

4. 절망과 기아선상에서 허덕이는 민생고를 시급히 해결하고 국가자주 경제 재건에 총력을 경주한다.

5. 민족적 숙원인 국토통일을 위하여 공산주의와 대결할 수 있는 실력배양에 전력을 집중한다.

6. (군인) 이와같은 우리의 과업이 성취되면 참신하고도 양심적인 정치인들에게 언제든지 정권을 이양하고 우리들 본연의 임무에 복귀할 준비를 갖춘다.

   (민간) 이와같은 우리의 과업을 조속히 성취하고 새로운 민주공화국의 굳건한 토대를 이룩하기 위하여 우리는 몸과 마음을 바쳐 최선의 노력을 경주한다.

제2군사령부 발행의 제대장병용 생활교재인
「국토재건」(1962년 12월 발행)의 앞표지 이면에 실린 〈혁명공약〉

"(1) 반공태세의 강화 (2) 미국 및 자유우방과의 동맹관계 강화 (3) 부패와 구악의 일소 (4) 기아선상에 허덕이는 민생고 해결을 위한 국가 자주경제 재건"으로 요약되는 이 〈혁명공약〉을 통해 우리는 '일신 일일신 우일신'하자는 재건정신을 듬뿍듬뿍 들이마셨던 것이다. 그때나 지금이나 빈정거리기 좋아하는 사람들은 이 〈혁명공약〉을 저 일제의 〈황국신민서사〉나 〈교육칙어〉에 빗대거나 사상검증 무기로 왜곡 비방하여 '군국주의적 산물' 운운하며 비아냥거리기 일쑤이지만, 5·16 후 50여 년간의 장구한 세월의 한국 사회를 쓴물 단물 다 마시며 볼 것 안 볼 것 다 보며 살아남아 온 초로 신세의 필자는 그때의 이 〈혁명공약〉과 〈재건국민운동 실천요강〉 등을 외워대며 군관민이 혼연일체가 되어 군정기간 3년을 '한눈팔아 허송세월'하지 않고 국가재건의 실존적 애국의 삶을 살아왔다고 자부하고 싶은 심정이다.

(4)

〈혁명공약〉에 얽힌 일화 몇 가지가 있다. 이 〈혁명공약〉 때문에 덕 본 사람?, 피 본 사람?들의 이야기이다.

5·16 직후, 향토사단장으로 혁명군을 이끌고 J도 지사로 부임한 S준장이 초도순시차 N군에 들러 강당에 군청 직원을 집합시켜놓고 일장 훈시를 하는 도중, 이 중에서 〈혁명공약〉을 외울 수 있는 사람은 손을 들라고 하였다. 아무도 손을 드는 사람이 없는데, 맨 뒷줄에 선 말단 임

시직원 한 사람이 손을 들고 나와서 총기 있게 한 구절 한 자도 틀리지 않고 외워 보였다는 것. 결과는 그랬다. 일 년 계약의 최말단 임시직원인 그 사람은 당일로 몇 단계 뛰어넘어 당장에 주사보로 특별채용, 보직도 화려하게 도 본청 서무과엔가 임명을 받았다. 그런데 좀 난사람 같았으면 몸을 낮추며 근무에 충실, 열심히 공부하며 대인관계에 신경을 썼을 것이고 후일 군수 정도의 자리에는 올랐을 터인데, 사람이 고지식하게 그 특채의 영예를 코에 걸고 덜렁거리는 통에 주위 사람들의 시기와 빈축을 샀다는 것. 그때 그 사람의 뒤꽁무니에 대고 "○○○는 고시考試 5부 합격자"라는 야유를 알게 모르게 퍼부어 댔으니, 당시의 국가고시 제도하의 고등고시 3부사법·행정·외무와 보통고시 다음 서열에나 올라갈 '분에 넘치는 특채출신자'라는 함의의 야유였음은 물론이다. '논공행상형'이라고나 할까.

이번에는 '피 본? 사람'의 경우. 청렴강직하기로 유명한 한신장군이 내무부장관으로서 초도순시차 J도에 들러 각 부서를 돌다가 내무국장 모 씨를 지적하여 〈혁명공약〉 관련 질문을 하였는데, 한신 내무부장관보다 10여 년 연장자인 초로의 그 국장이 나이 탓인지 긴장한 탓인지 제대로 답변을 하지 못하고 우물거리자 성미 급한 한신장군이, 마침 초도순시 장관에 대한 예의 갖추기 차원에서 국장이 잠바 속에 매고 있던 넥타이를 지휘봉으로 휘감아 올리면서 '혁명정신 불철저'란 기합을 주어 혼쭐이 났다는 이야기. 피 본 경우 혹은 징벌·견책형이라고나 할까.

사상성향검증용? 낭독 강요라 할까. 이번에는 어느 혁신계 언론인들의 낭독거부 이야기이다. 당시 M일보 관계 혁신계 인사들이 5·16 이후

검거되어 모 경찰서에 유치되어 있었는데, "5·16혁명을 지지하고 협조하는 마음에서 매일 아침 혁명공약을 제창하시오. 밖에서도 조례 때나 행사 때 꼭 이를 제창하니 여러분들도 그렇게 해야겠습니다. 군인서장님께 그 결과를 보고하라는 지시가 있었읍니다."라는 경찰 측의 권유에도 아무도 〈혁명공약〉을 외우려 하지 않았는데, 마침내 경찰 측에서도 단념한 듯 굳이 강요하지 않고 흐지부지되고 말았다는 이야기이다.

나이 들거나 암기력 부족으로 〈혁명공약〉을 제대로 외우지 못하는 사람들은 포켓에 수첩처럼 접어 넣고 다니면서 필요할 때마다 꺼내 들고 선창-복창을 할 수밖에 없었다는 것. 명치유신 후의 일본에서는, 각급 학교에 〈교육칙어〉 봉독을 의무화하였는데 어느 교장선생님 한 분은 행사 때 실수로 〈교육칙어〉 몇 글자를 잘못 읽었다는 이유로 면직을 당하거나 자책감으로 자결을 하기도 하였단다. 다행히 우리나라에서는 그런 비극적인 불상사는 발생하지 않아서 다행이었다는 생각이다.

(5)

50년이 지난 오늘의 한국사회, 우리 사회가 모든 도덕적, 이념적 규범을 상실하고, 비이성적, 무도덕적 종북 좌파 세상이 다 되어버린, 그리하여 넘어서는 안 될 국가정체성의 장벽까지 월담해 버린 망국적 현실과 견주어 볼 때, 이 〈혁명공약〉으로 상징되는 5·16혁명은 8할이 성공한 혁명이었다는 소회를 금할 수 없다. 그것이 유신 치르고 5·18 치르고 전-노-김-김-노-이 정권 다 겪어본 필자의 솔직한 심정이다.

요즈음 애국가도 안 부르고 태극기 밟아 뭉개기를 예사로 하는 자칭 진보인사들의 추악한 소아병적 '진보주의자 행세'와 그 행동의 과정과 결과를 지켜보는 필자는 "가자 북으로, 오라 남으로!" "---자주연맹" "---노조" "중립화---!"등을 외쳐대며 시도 때도 없는 가두시위와 횃불 데모로 날을 지새웠던 50년 전 '5·16 혁명 전야'의 무너져 가던 풍전등화의 위태로웠던 시국의 한국이 연상되어 전율과 겁박을 느낀다.

PART 02

『학살』『사상의 거처』;

南柱 시인의 기증 서명본 시집과 추억의 흔적들

활짝 웃는 모습의 김남주 시인

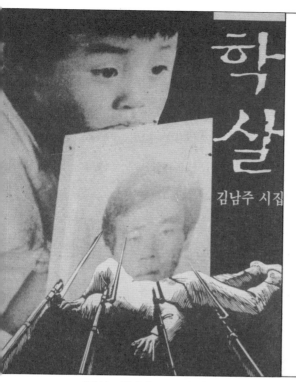

『학살』, 한마당, 1990년 5월 18일　　『학살』 속페이지의 김남주의 기증서명

　　"꺼먼 낯짝이지만 하얀 이빨을 드러내고 순하디 순한 얼굴로" 웃던
남주 시인의 모습이 떠오른다. 그러한 그를 한계레신문 하던 동향 친구
박화강은 "통일에 대한 열정으로 토해낸 詩의 제목만 보아도 기가 죽
고 詩 속으로 들어가면 戰士 앞에 끌려온 죄인이 되고 말았다. 통일과
민족을 위한 것이라면 감옥도 고문도 무서워하지 않았던" 사람이라고
어느 글에서 그를 추모하고 있다.
　　한국의 마야코프스키를 자처했던 남주 시인. 만인이 그의 시와 통일
에 대한 열정과 신세계 구축에의 희망찬 포부를 상찬하던 남주, 가는 길

은 같아도 풍향과 보폭만은 약간 달리했던 필자도 그것만은 사랑했다.

남주 시인과의 교분은, 1973년 광주에서의 첫 만남 이후, 유신 초기의 그 살벌했던 양성우, 정동년, 윤한봉, 전홍준, 김상윤, 이강, 김정길 등과의 광주에서의 적전? 동고동락 시절을 거쳐 1994년 그가 세상을 뜨기까지 20년간 지속되었다. 중간 사이사이 피차의 사정으로 불통의 시절은 여러 번 있었지만.

고교 2년 후배이기도 한 그와 나와의 교분은 언제나 이런 식이었다. "형님 건강은 좀 어쩌싱게라… 세상과 싸울라면 몸이나 성해야 않컸소….""내 걱정은 말고 자네 걱정이나 해야제… 그렇게 빼깽이 몸 해 갖고 멀 허겄다고… 서로 건강해야 헌당께….""

문학과 운동에서는 열렬한 전사요 혁명가였지만, 그는 정말 이렇게 순박하고도 정이 넘치는 사람 좋은 '물봉'이었다.

그 무시무시하고, 한줄기 빛도 비추어 주지 않던, 칠흑같이 어둡기만 했던 유신긴급조치 시절, 그는 곧잘 나의 근무처국회도서관로 수배 도피 중인 'A급 두목들' 조영래서울대 내란음모 사건 · 김병곤민청학련 · 이강남민전 등을 소개해 보냈다. 운동과 저술 목적의 자료열람 대출, 그리고 편의 제공, 연결 등의 부탁이었다. 수첩에 이름 한 자만 적혀 있어도 잡혀가 곤욕을 치르거나 직장을 쫓겨나야 했던, 공포와 저주로 가득 찬 겨울공화국 시절, 나는 '겁대가리 없이' 그의 부탁대로 '대역죄인'들의 부탁을 들어주기도 하고, 때로는 도피방조 행위 비슷한 '만행'을 저지르기도 했다. 하늘이 도왔는지 그래도 탈 없이 무사하게 넘어갔다.

그후 그는 남민전 사건으로 감옥에 가고, 또 1년쯤 후 필자도 5·18 광주민주화운동으로 감옥에 갔다 오고. 그가 남민전사건으로 감옥에 갇혀있던 10여 년 동안 우리는 만날 수 없었다. 그러다가 1989년 6월, 광주민주화운동으로 투옥, 해직되었다가 9년 만에 복직한 필자와 9년 만에 가석방으로 풀려나온 남주는 나의 복직처인 국회도서관에서 다시 만났다. 10여 년 만의 감격적인 재회였다. 출옥 기념으로 그동안 옥중에서 구상해 왔던 외세침략과 관련한 강화도의 근현대사를 주제로 한 장편 대하 민족서사시를 써야겠는데, 그에 필요한 자료대출을 좀 해야겠다는 것이었다. 그러한 연유로 우리는 또다시 여러 차례 자료의 대출, 반납, 대출, 반납을 핑계로 만나면서 즐거운 교분의 시간을 갖게 되었다. 그나 나나 10여 년 만에 빼앗아 다시 찾은 '해방'의 감격을 만끽하면서.

그때 건네받은 책이 이 두 권의 시집이다. 유려한 필치로 자필 서명한 기증본이다. 『학살한마당; 1990.5.18. 발행』에는 사인펜으로 "김영모 형님께, 저자 김남주"라고, 또 『사상의 거처1991년 11월 25일; 창작과비평사』에는 만년필 아니면 수성볼펜?으로 "김영모 형님께, 김남주 드림"이라고 사인되어 있다.

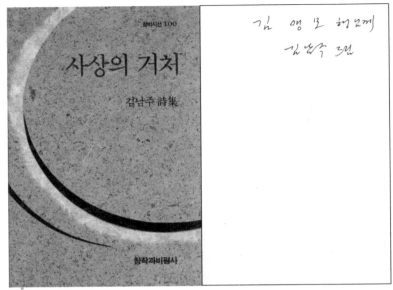

『사상의 거처』(창작과 비평사, 1991.11.25)와 저자의 기증서명

　그는 오랜 감옥생활의 후유증으로 얻은 중병을 이겨내지 못하고 1994년 2월, 49세의 아깝고 아까운 나이로 우리 곁을 떠나고 말았다. 그는 저세상에서도 "영모 형님 오래오래 건강하게 살아서 존 일 마니 허시오 잉---"하고 순하디 순한 얼굴로 필자를 격려 채찍질해주는 것만 같다.

PART **03**

〈공소장(기소)〉

진씨

○   ○

전교사 계엄보통군법회의 검 찰 부

80 검 제 65 - 1)톱 4) - 10), 14)   19 80 . 9 . 8 .

수 신 : 전교사 계엄보통 법 회 의

제 목 :   공 소 장 (기소)

다음과 같이 공소를 제기합니다.

피 인 저 표 인 항	속 19		
	본 적		
	소 속(또는 주소) "범지 (1)과 같음 "		계급(또는 직업)
	성 명		군 번
	생년월일	19 . . 세	

죄 명	가. 내 란 수 괴 나. 내란중요임무종사 다. 내란부화수행 마. 계엄법위반
적용법조	" 범지 (2) 와 같음
변호인	

첨 부   1. ~~구ㅡㅡ속ㅡㅡ영ㅡㅡ장~~ 구속집행확인서각 1 통

        2. 구 속 기 간 연 장 결 정 각 통

        3. 변 호 인 선 임 계   1 통

        4. 수 용 증 명 서   1 통

전교사 계엄보통군 법 회 의 검 찰 부

검 찰 관

A4 용지 227페이지 분량의 수동으로 타이핑된 활자 인쇄용지 복사본 묶음의 두툼한, 전교사전투병과교육사령부; 일명 상무대 계엄보통군법회의 검찰부 발행의 〈공소장기소〉이라 가제仮題한 문서 묶음철 1책.

　광주민주화운동 관련 피검 구속자들의 생살여탈의 운명을 가름할, 그리하여 재판을 통한 '광주사태' 시말의 전모와 향후의 진행방향을 판가름할, 계엄군법회의 검찰부가 수사를 일단락한 후 재판을 앞두고 급조 발부하여 피고인들에 나누어 준 공소장. 하마터면 유네스코 세계문화유산 중 광주민주화운동 관련 주요자료의 하나로 등재될 뻔했던 '현장문서'로 필자의 아끼고 아끼는 귀중문서의 한 목록이다.

　필자가 광주민주화운동 관련혐의로 체포 구금, 석방될 때까지의 3개월여 간의 그 지옥 같았던 광주 상무대 보통군법회의 헌병대 영창생활을 마치고 출소하는 날1980년 10월 27일 후배 동료수감자제5소대 내무반장로부터 건네받은 이 공소장 부본단순 복사본이 아닌, 원본의 시행문으로서 정치적, 법률적으로 독립적, 주체적 성격을 지닌이야말로, 광주민주화운동 과정에서 목숨을 걸고 투쟁했던 수많은 항쟁동지들의 수사기록 중, 그 이름을 듣기만 해도 무시무시한 '내란수괴죄' '내란중요임무 종사죄' '내란실행죄' '내란부화임무 수행죄'로 부터 죄질이 조금 가볍다고 하는 '계엄법 위반죄' '소요죄' '업무상 배임죄' '범인은닉 방조죄' 등에 이르는 어마어마한 죄명으로 차꼬를 씌웠던 항쟁 참여 교수, 대학생, 고등학생, 방위병, 기타 일반 시위대원 78명의 죄상이 담긴, 페이지마다 행간마다 피와 눈물로 얼룩진 '예비살생부'였다.

　재판의 결과, 미리 짜인 각본대로 사형 4명을 비롯, 일부 수뇌급 항쟁인사들에게 무기징역, 징역 ○○년 등의 중죄가 선고되고, 또 훗날 단계적으로 감형 사면되는 등 '정치재판' 일변도의 수순을 밟게 되지만 당시 재판에 임했던 항쟁인사들은 이 공소장부본을 근거로 불꽃 튀기는 법정투쟁을 벌였음은 물론이다.

　항쟁 그날로부터 30년이 훨씬 지난 오늘의 시점에서, 안타깝게도 5·18의 순수한 민주화운동 정신이 타락한 정치 환경에 그을리고 오염되어 정치·권력 지향적으로 변질되어 가고 있다는 탄식과 우려의 목소리가 들려올 때마다, 필자는 금고 속에 소중히 봉하고 싸서 숨겨놓은 이 공소장 묶음을 꺼내 들고 희생된 영령들에게 사죄의 묵념을 올리곤 한다. 그러니 이 공소장은 필자에게는 훗날의 역사 연구가들에게 제공될 보존적 문헌으로서의 가치보다는 참회의 기도문이요 각성의 경계봉이요 자기수련의 매서운 채찍으로서의 의미와 가치를 지니는 것이다.

　이 78명의 '죄상부'는 정동년당시 전남대학교 복학생 등 광주민주화운동 핵심 기획지휘자 9명, 김종배 등 조선대학교 학생시위 주동자 9명, 김

태진 교수전남대학교 학생처장 등 전남대학교 학생지도 담당 교수와 교직
원 3명, 전남대와 조선대 단과대학 학생회장 15명, 기타 일반시위대원
42명의 죄상이 담긴 공소장이다.

대한항공

① 정상운항은 폭동이 아니고 10.26 사태이후 계엄논의에 구제계엄

1) 정상진보 - 주체리실에 살망 - 교씨리서 역구로 변화

2) 10.26 이후 정치 - 외구과 정치 발전, 기본권의 …… 다각 리움하 (한국적)
   ① 기본적권리

3) 1980년의 역ASN 인기 (대구의 80명에)
   ① 인구사 여 사회
   ② 사회집의 변천 인천과

4) 정치적 총합과 일에나 총의 총합역항
   ① 국제하향에서 정부제자림
   ② 양장적의적 총합준비 (조문대공헌권급)

5) 4.19 약소총임성와 인구로 국수능후(기)
   ① 국수항의 연관

① 3.00 이장의 정치로고 이숙 (그양식 국수능후)
② 임명사 남로로 사장 없는 - 대각대역역에서 역의 이명충의 의원위인
③ 임병세 역로는 4.19이후 강제의 의학력 이상서 정의 이하로

정치일정 단축"등의 구호를 외치며 시위하고, 이용고수와이 접송 (대학민장실에

나. 동월 8. 13:00경 위 전남대 대강당에서 동교생 4,000여명과 함께 모여
"단대별로 5.8부터 5.14까지 시국성토및 집회를 실시한다. 총장등
5인의 어용고수의 공개사과및 자진휴직을 요구한다"는 등의 내용으로
된 "민족민주화성회 결의문"을 낭독하고, "현 과도정부는 5.14일내 서울 대 빈소
에 비상계엄 해제하라, 만약 우리의 요구가 관철되지 않을때는 어떠
한 행동도 불사할 것임을 선언한다. 우리의 행동을 묵, 으역는 유고령
이 네릴시 온몸으로 기부할 것이며 이에 대한 전국 대학인의 행동봉기
을 촉구한다"는 내용의 제1시국선언문을 낭독하고 // 피고인은 (과도) 정부 비판
이마는 주제로 정치일정을 명확히 하라는 내용의 연설을 한 다음 // 동일
16:30경 위 대학교문에서 학생들을 지휘, 경찰과 대치하면서 "비상계엄
해제, 언론자유보장"등의 구호를 외치고, "투사의 노래"등의 노래를
부르며 행진하는 등, { ①인투학성선이 들어있는 출로.
                    ②경시 회복으로 자두시위도지방지

개 불법 시위하고, 정적전상, 문오장강여 국민(로즈), 민동의 내용본도.

다. 동일 19:00경 위 전남대 개인검사실에서 위 박관현의 지시에 따라 고
네의 시위계획의 수립을 위해 조직된 기획실요원인 상 피고인 박용성,
동 송선태, 등 노준현, 공소의 문승훈, 등 박몽구등과 회합하여 "5.14
비상계엄이 해제되지 않으면 가두진출한다. 그때까지 단과대학별로
고 네시위함에 있어 5.9 농대, 5.12 법대, 5.13 상대, 의예과, 5.14
사대, 자연대, 공 대순으로 시국성토하고, 가능하면 각 서클, 각과별로
도 실시한다"는 등의 학생시위 방향을 결의하고,

이들은 마치 저 구한말의 동학혁명이나, 1948년의 대구폭동사건, 여순반란사건 등의 주모자들에게나 씌워졌음직한 어마어마한 '대역-반란 중죄인'의 올가미를 쓰고 맨발로 줄줄이 포승줄에 묶인 채로 군법회의 재판정에 끌려 나가 달랑 이 공소장 한 장 들고 재판을 받아야 했던 것이니, 지금 와서 생각해도 통탄무비할 일이었다 할 밖에 달리 표현할 말이 없다.

특히 인상 깊은 것은 이 공소장을 들고 재판 전날 밤 늦게까지 밑줄을 그어가며 공소사실 반박 문구를 볼펜으로 기입해 넣은내란주요임무종사자 ○○○·전남대 흔적이 그대로 선명하게 남아 있다는 것이다. 이것이 문서의 현장감을 더욱 고조시켜 준다. 어디 그뿐이겠는가. 이 공소장을 피고인 각자가 딱 한 번씩만 만져보았을 경우를 산술적 계산으로 가정해 보더라도, 적어도 78명의 지문2손가락 156개소 거기에 제작, 배포, 전달자의 그것까지 합산하면 얼마나 많은 사람들의 원한 맺힌 분노의 감정이 지문으로 찍혀 있을 것인가.

세월이 흘러, 당시 신군부 진압군 측의 극심한 정보통제와 조작으로 진상파악을 제대로 할 수 없었던 일반국민들의 뇌리에 각인된 '광주사태'는 민주항쟁 참여자와 민주 애국시민들의 끈질긴 '광주민중항쟁' 진상규명의 가열한 투쟁으로 '5·18광주민주화운동'으로정부 차원의 공식인정 자리매김하게 되었지만, 5·18정신은 어디까지나 순수한 민주화, 인권운동으로서 그 지고지순한 정신을 지켜나가지 않으면 안 되겠다는 각오를 필자는 이 공소장철을 꺼내어들 때마다 통감한다.

마지막으로 그 삼엄한 계엄하의 무시무시한 감시망과 통제망을 뚫고 이 자료를 무사히 외부로 반출할 수 있었던 '극적인' 일화 한 토막을 소개하면 이렇다. 평소 병적이라 할 만큼 역사적 '현장문건' 자료수집에 상시적으로 심취 몰두해 오던 필자는 출소시 출소수속을 마치고 내무반의 관물대에서 옷과 구두 등속을 챙기던 순간 번뜩 이 공소장 문건에 눈길이 가고 말았다. 날카로운 후각으로 심상치 않은 '대어급'임을 직감한 필자는 뛰는 가슴을 진정시키면서 이러저러한 구실을 붙여 내무반장을 설득하여 건네받는 데 성공하였다. 그런데 건네받은 것까지는 좋았는데 이 두툼한 문건을 헌병대 당국자들에게 들키지 않고 가지고 나가는 것이 문제였다.

필자가 서울에서 수사관들에게 압송되어 광주 보안수사대로 연행되어 온 것이 1980년 8월 3일. 염천하의 복더위 철이었으므로 상하의 모두 러닝 위에 얇은 남방 홑옷과 여름바지 차림. 그 몸차림으로는 이 두툼한 300여 페이지의 '책 1권'을 도저히 표 안 나게 숨겨 나올 수가 없었다. 혹시나 바짓가랑이 사이에 집어넣고 그 부위의 습진 등을 가장하여 뒤뚱걸음으로 나가는 수밖에… 하는 등등의 궁리를 하여 보기도 하였으나…. 그런 중에 마침 당시 광주지방법원 현직 판사로 운동권 동조자였던, 고교 1년 후배인 K판사가 선배 체면 세워 준답시고 법원의 관용 지프로 마중을 나와 주었기에, 완전무장하고 착검을 한 무장 위병들이 지키고 서 있는 위병소 정문을 무사통과할 수 있었으니, 아무리 생각해도 이 자료는 '김○○'의 것으로 하늘이 점지해 주신 것이 아닌가 하는 생각이 든다.

奥村五百子

小野賢二

PART **04**

『奧村五百子』;
光州에 일본 침략정부의 전진기지를 구축한
일본 국수주의 여성운동가의 생애

小野賢一郎,著. 東京 愛國婦
人會,發行. 1934년(개정 7판).
국판, 243p. 하드커버+케이스;
사진 및 삽도 12매.
豪華美裝本. 권두언(德富蘇峰)

속표지의 오꾸무라 이호꼬
(奧村五百子) 초상사진
오꾸무라 이호꼬(1845~1907);
부인운동가.
비젠(肥前) 가라쓰(唐津) 출생.
의화단사건 때의 일본군 위문
사(慰問使) 경험을 살려 일본
애국부인회를 창립(1901년 2월
6일 창설), 전선 위문활동 등을
벌임.

(1)

　6·25동란이 끝난 후, 필자가 광주에서 국민학교에 다니던 소년시절 1953년~4년경, 방과 후나 휴일에는 으레 친구들과 떼 지어 광주공원에를 놀러 다녔는데, 어느 날 우연히 공원 숲일제 때 神社 자리으로 오르는 계단 우측의 삼화식물원 자리삼화식물원은 60년대 초에 쌍촌동 호남대학교 부근으로 옮겨 가고 그 자리에 구동(龜洞)실내체육관이 들어선다에 분명히 동상 같은 것이 얹혀 있었을 듯 해 보이는 화강암좌대座臺가 놓여있어 우리의 눈길을 끌었다.

　그 호기심은 '한일합방전 개화기에 광주를 위해 좋은 일을 많이 한 일본인 여장부'의 동상 터라는, 알 듯 모를 듯한 전설과 함께, 도대체 그 여인의 정체는 무엇이며 또 광주를 위해 어떤 좋은 일을 했었던 것일까 하는 의문으로 소년필자의 뇌리에 박히고 말았다. 그리고는 그냥 잊어버리고 있었는데, 우연히도 그 기억을 되살려내는 '사건'이 벌어졌으니, 그것은 그로부터 40여 년이 지난 1992년의 어느 날 필자가 흑석동 중앙대학교 부근의 고서점에서 『奧村五百子오꾸무라 이호꼬』라는,

한말의 한 이주 일본여인의 행적을 담은 전기를 발견한 데서부터 시작된다.

탐서가들이 항용 그러하듯, 목차와 본문의 페이지를 넘기며 대충 책의 서지 사항이나 살펴보고 있던 중, '아니, 그게 아닌데…' 하고 퍼뜩 짚이는 데가 있어 집에 돌아와 정독을 해 나가다 보니, 이건 40여 년 전 국민학교 시절에 광주공원 주변에서 소문으로 얻어들은 그 전설의 여인의 일대기가 아닌가. 옳거니 하고 쾌재를 부른 필자로 하여금 그 자리에서 완독을 하고 말게 한 이 책의 전설 속의 여주인공은 '치마두른 여장부' '광주 개화에 지대한 공을 남겼다.'는 오꾸무라 이호꼬였던 것이다.

1901년(明治34年) 제국(諸國)순방의 길에 나선 이호꼬와 그의 필적

(2)

『大辭林』등 일본 인명사전에 이렇게 간단히 몇 줄 소개되어 있을 뿐인 이호꼬는, 저 풍운의 한말, 일본 불교京都 本願寺派의 포교라는 순수 종교 활동을 명분으로 오빠 엔싱圓心과 함께 조선으로 건너와 전국 각지를 돌아다니며 사찰을 세우는 등 일본문화의 전파, 이식에 앞장서는 한편 개화사업, 문화사업을 빙자하여 후일의 일본의 한국 병탄의 터 닦기 역할을 수행하는 국수주의파 부인운동가이다.

이 책자와 당시의 광주 관련 기록물들을 참고해 알아낸 그녀의 행적을 종합해 보면, 그녀는 교토 홍간지本願寺 소속 승려인 오빠 엔싱과 함께 당시 전남관찰사로 재직 중이던 20년 지기知己 윤웅렬尹雄烈을 의지하여, 밤이면 '호랑이 울음소리가 들리던' 척박한 한촌소도읍의 '개화사업'을 위해 이곳 광주에 발을 내딛는 것인데, 이렇게 광주에 정착한 그녀는 1900년 신병 등의 이유로 광주를 떠나 북청전쟁 중의 중국으로 가기까지의 4년여 간 일본정부의 지원과 국수주의 민간단체인 흑룡회의 보호하에 불교 포교와 일본 이주민들의 정착사업에 주력하는 한편 '일선 양국민의 복지와 생활향상을 위한' 산업진흥, 교육활동에 매진한다.

비록 그녀가 가꾸어 낸 과실물들이 본질적으로는 일본인을 위한 사업이고, 조선인들은 수동적으로 식민지적 근대화사업의 부분적 혜택을 향수받은 데 지나지 않을 터이지만, 그녀는 광주 일원의 농업·잠업 기술의 개량 발전에 많은 실적을 올리는가 하면 실업학교인 홍간지오꾸무라실업학교를 세워1898년 11월 17일 설립; 조선인들의 저항으로 노일전쟁 후

폐교 교장으로 취임하는 등, 신식 교육의 터전을 닦기도 한다.

이에 보조를 맞추어 오빠 엔싱은 1898년 광주의 유지 최간진崔幹鎭·최세팔崔世八을 일본에 보내어 교토를 비롯한 일본 각지를 시찰시킨 뒤 친일인사로 협조케 하는 등, 식민지 국가 건설, 경영의 전단계적 사전 정지작업 구축에 진력한다. 또 전국 최초로 광주에 세워진 금융조합도 그 설립과정에 이호꼬의 영향이 컸던 것으로 알려지고 있다. 따라서 이호꼬는 한일 양국인들로부터 '조선침략의 선봉장이었으나狗肉 광주의 개화에 공헌하였다羊頭.'는 식의 상반된 이중의 평가를 받고 있는데, 이의 정당한 평가는 광주 근현대사 전공자들의 학술적 평가에 맡길 일이다.

아무튼 이러한 행적을 기리기 위해 일본애국부인회 전남지부는 식민통치 기반이 확고히 다져진 1926년 4월 재광 일본인 거류민들과 함께 '일한친선' 상징조작의 한 유형물로 이호꼬의 '굳건한 여장부의 기상'의 얼을 담은 동상을 광주공원에 건립하여 이 또한 한일 양국인에 대한 식민교육의 보조도구로 사용했을 터인데, 팔자 사납게도 후일 이전, 철거의 수난을 당하게 되는 것이다. 사연인즉, 그녀가 신명을 바쳐 忠君奉公했던 일본 군국주의 세력의 마수에 걸려 1940년 대대적인 광주신사 개수 성역화 작업 때 구동 실내체육관 자리인 삼화식물원이 있던 자리로 옮겨졌다가, 태평양전쟁 말기인 1944년 '금속회수령'에 의거 화강암 좌대만 남기고 철거 징발되어 '무기로 출정'되는 영광치욕?을 입어야 했던 것이니, 그녀도 결국 일본 군국주의의 '충용한 희생양'에 지나지 않았을 것이란 추연한 생각에 잠길 수밖에 없다.

(3)

필자는 뜻하지 않은 장소와 시기에, 이 흔치 않은 책자를 입수, 40년 숙원의 의문을 풀음과 동시에, 졸저 『일본을 움직인 사건과 인물생활지혜사; 1999』이라는 책자에 「메이지기期의 맹렬여성 오꾸무라 이호꼬」라는 제목의 소논문 한 편을 싣는 이중의 소득을 얻었다. 그야말로 학술적 비평을 가하지 않은 '꾸르포-취재'형식의 소박한 소개문에 지나지 않으나, 앞으로 있을지도 모를 연구자들의 학술적 토구의 실마리 제공에 조그마한 기여라도 있지 않을까 하는 자부심을 품어보기도 한다.

일본 평단評壇의 국부로 추앙받는 도꾸또미 소호德富蘇峰가 《大阪每日》과 《東京日日新聞》에 실었던 오꾸무라 추모연극1929년 11월, 제국극장에서 상연의 비평문까지 권두서문으로 옮겨 실어 한층 권위를 더해주고 있는 이 책자는 행여나 뜻하지 않은 훼손이라도 입지 않을까 하는 노파심에서 비닐봉지에 좀약을 빻아 넣고 통기구멍까지 뚫은 후 싸고 또 싸서 애지중지 간수해 오고 있었는데, 첫 구입 이후 물경 21년이나 지난 2013년 5월 31일, 인천의 유서 깊은 배다리 책방골목의 ○○서점에서 고서탐색 나들이 중 또 한 권의 이 책을 발견, 재구입하는 행운을 얻었던 것이다. 첫 번째 것은中大本은 책등이 약간 뒤틀리고 비어져 나와 뽄드로 보수하는 소동까지 벌인 '90% 완전판'이었다면, 이번 것은 보존상태가 최상급임은 물론, 아름다운 장정의 북케이스까지 온존해 있는 '100% 완전판'이라고나 할 미장본美裝本이다. 내친 김에 이 진서珍書의 타인에 의한 소장 여부를 알아보았더니, 국립중앙도서관에 딱 1부 있을 뿐, 국회도서관과 서울대학교도서관에도 없는 귀중본임이 확

인되었다. '책욕심'이 많은 필자로서는 부디 ○○○씨 개인 소장 유일
독점본이기를 은근히 기대해 보지만, 글쎄 개인소장본이 또 어디 숨어
있지 않을는지?

末期的發票

PART 05

〈末期的 發惡〉;
신민당사 피습사건과 YH사건의 진상

惡發的末期

新民黨舍被襲事件와 H人事件의眞相

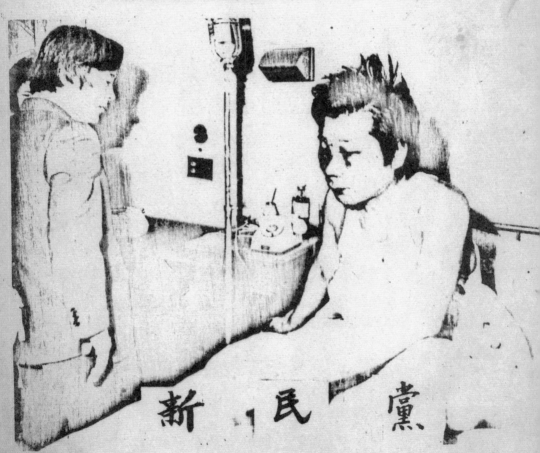

黨 民 新

신민당사 기습현장도

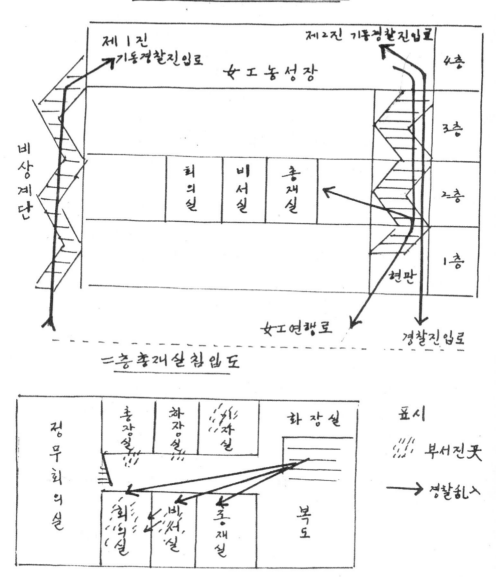

4+6배판형, 72페이지(앞뒤 양면 인쇄 36장). 1979년 8월 25일. 등사판 인쇄 제본

〈末期的 發惡〉; 신민당사 피습사건과 YH사건의 진상이라 제題하는 4+6배판형, 72p앞뒤 양면인쇄 36장 분량의, 매우 거칠고도 무딘 선묘線描의 펜삽화까지 곁들인 등사판 인쇄 방식의 책자. 또한 표지가 누르께하게 변색된, 그러면서도 회고적 냄새가 물씬 풍기는 '고전적 형태'의 이 소책자는 1970~80년대의 정치암흑과 안보불안기에 무수하게 거리에 쏟아져 나온 수많은 정치 관련 유인물 중, 자료의 정치 사회적 성격이나 비중불과 2개월 후에 닥쳐온 10·26정변을 예고하고 견인한 듯 잇따른 메가톤급 대형 정치 사건들의 선구적 구실을 하기도 한이나 발간 배포방식비밀제작과 '뽹지하유인물'적 기습 배포방식 등 등에 있어서 마치 일제강점기에 목숨을 걸고 투쟁한 비밀 독립투쟁 단체나 독립운동가들이 제작, 배포했음직한 '스릴과 흥분과 공포'로 가득 찬 '現場文書'로, 필자 애장의 '정치문건'의 으뜸가는 책자의 하나이다.

마포구 도화동 175~4번지 소재의 제1야당 신민당 당사를 무대로 1979년 8월 10~11일의 이틀간에 걸쳐 벌어졌던 YH사건의 정치적 발생 배경과 사태 진행과정, 그리고 그것이 몰고 온 엄청난 규모와 충격의 정치 사회적 후폭풍에 대해서는 사태발생 30년이 지난 오늘의 시점에서는 여러 보고서와 연구-발표들을 통해 짚어볼 만큼 짚고 문질러 정답이 나와 있고, 우리 현대사에 고전적 '역사_{탐방}현장'의 한 컷으로 편철되어 있으므로 필자가 그 상세하고 구체적인 경과와 '역사적 교훈_{의의}'같은 것을 재삼 논술할 필요는 없는 일이지만, 사건의 배경과 진행경과를 현미경 들여다보듯 상세하고 치밀하게 기술하고 있는 이 '초특급 비밀문건'이 당국의 삼엄한 감시망을 뚫고 칠흑 같은 공포분위기 속에서 마치 007첩보작전을 방불케 하는 전격적이고도 과감 민첩한 제작 작전으로 적진을 무사통과, 사건 발생 보름 만에 '지각'발간, 배포되었다는 점에서 그 자료적 가치를 높이 사지 않을 수 없다.

이는 이 책자의 말미에서 문건 제작·발행자_{신민당 선전국과 〈민주전선〉 합작?}가 '이 초라한 보고서를 내기까지'라는 보고서 작성 경위문에서 "…_{전략}…한 女工의 죽음까지를 초래한 피의 현장을 우리는 국민에게 알릴 의무를 지니고 있다. 250매의 원고가 작성된 것이 8월 20일. 원고 뭉치를 들고 수많은 인쇄소 문을 두들겼지만 끝내 애소하는 우리는 버림받은 동냥꾼이었다. 기어이 국민에게 이 폭거의 진상을 알려야겠다는 일념으로 우리가 쓰고 우리가 복사하기로 했다. 페이지마다에 담긴 우리의 땀과 서러움을 함께 읽어 주시기 바랄 뿐이다."라고 밝히고 있듯이, 8월 11일 새벽 2시의 경찰진입_{난입}사건 발생 이후 물경 보름이나 지난 8월 25일에야 지각발행하지 않을 수 없었던 저간의 말 못할 사정이 숨어 있었기에 더욱 소중한 '민주화투쟁의 성스러운 기록물'이라 아니할 수 없다.

1979년 8월 11일 새벽 2시 와이에이치무역 여성노동자들이 농성 중인 신민당사에 경찰 1,000여 명이 들이닥쳤다. 경찰은 김영삼 당시 신민당 총재를 당사에서 강제로 끌어내 집으로 돌려 보냈다.

1979년 8월 와이에이치무역 노조 조합원들이 신민당사에서 농성하고 있다.

失神 했으며 成希杓 黨員은 오른쪽 팔의 동맥이 끊어져 鮮血이 분수처럼 뿜어 올랐다.

버스 속에서도 계속 구타가 그치지 않는 가운데 버스는 서울 市内各 警察署로 分散 되었고 警察에 分散連行된 그들에겐 치료조차 거부되었다. 그 現場에 있었던 記者들이 모두 얻어 맞고 記者手帖을 빼겼으며 사진記者들의 사진기는 모두 빼았아

(강제 연행당하는 야당 당수)

후랏쉬를 깨트리고 필림을 빼버려 그 現場을 正確히 取材한 사람은 아무도 없었다.

지금도 치가 떨릴뿐 그 잔학상과 참혹상을 이루 표현 할 길이 없다.

본문 22페이지에 실린 선묘 삽화의 김영삼 총재 강제 귀가조치 장면.

그러한 연유로 이 보고서가 당시 한국정치를 대변하는 공당제1야당의 정상적인 대정부 투쟁용 공식보고서로서는 너무나 품격에 맞지 않는 '半지하유인물' 비슷한 날림책자 형식을 지니지 않을 수 없었다 할 것인데, 그러한 흔적이 페이지 곳곳에서 편집기술상의 물리적인 하자와 치졸성으로 드러나고 있어 새삼 감회롭다는 생각이다.

만난을 무릅쓰고 보고서 발행을 연착륙시키려 목숨을 건 '지하유인물' 제작 작전에 참여했던 편집자들이 머리를 짜낸 '차선의제작 방책'에 어찌 감회어린 제작기술상의 하자와 치졸성이 배어 있지 않을 수 있겠는가. 그러한 감흥은 또 "…다시는 그러한 폭거가 이 땅에서 재발하지 않기를 바라는 충정에서 그날의 진상과 그 사건의 배경을 널리 알리는 바이며, 누구나 이 책자를 통해 분노하지만 말고 이런 일이 다시 없어야겠다는 신념을 다져주기 바란다."는 김영삼 총재의 머리말에도 드러나고 있다.

이 보고서는 (1) 8·11폭거의 현장 (2) 8·11폭거의 피해 (3) YH무역회사의 배경 (4) 8·11폭거에 대한 정부, 여당의 생트집 (5) 우리 당의 방침 등 5편으로 나누어 사건 당시의 피비린내 나는 폭거 상황을 한 컷 한 컷 상세하고 생생하게 재현하고 있는데, 당시 제1야당의 구실을 제대로 해냈던 공당 신민당의 보고서 작성자들박일·한병채·김현규·허경만 의원 등 야당의 맹장들의 비교적 냉철하고 객관적인 사태분석 노력이 돋보인다.

필자가 이 문건을 입수, 보관해 온 사연과 경위 또한 007작전을 방불케 하는 것이었다. 당시 국회 직원일반직 공무원이었던 필자는 사태 종료 후 은근히? 관련보고서이를테면 저 3·15 마산사건 야당조사보고서나…, 부정선거조사보고서… 사건보고서… 類의 한국정치사에 큰 획을 그을 만한 대형사건 보고서의 발간,

배포를 흥분된 심정으로 기다리고 있었는데, 이제나 저제나 하고 안타까이 기다리다 지쳐 그만 포기하려 할 무렵, 보름이나 지난 후의 조간 신문들에 보고서 발간, 배포 기사가 실려 있는 것을 발견했다. 순간 '역사적현장 문건' 수집욕이 발동한 필자는 출근 즉시 평소 업무관계상 긴밀한 유대관계를 맺고 있는 국회 신민당총재실 여직원을 만나 1부 배포해 줄 것을 요구한 바, 이미 국회 배포용 보고서가 동이 난 실정을 이야기하면서도, 혹시나 하고 마포의 '피습'당사 총재실로 전화문의를 한 결과 '운 좋게' 딱 한 부 남아 있다는 마포 당사 총재 비서실 여직원의 답변을 받을 수 있었다. 순간 쾌재를 부른 필자는 근무시간 중임에도 즉시 택시를 불러 타고 당사로 달려가 그 보고서를 건네받았는데, 그 보고서를 손에 넣는 순간의 흥분과 감격은 도저히 필설로 표현할 수 없는 것이었음 또한 물론이다.

필자의 '주요문서책자 보관-대피순번' 앞 순위에 해당하는 이 책자에는 또 다른 후일담이 있다. 그로부터 1년 후인 1980년 8월 3일, 5·18광주민주화운동 관련 혐의로 필자는 광주 상무대의 전투병과교육사령부 보통군법회의 검찰부와 군검경합동수사반이 설치되어 있는 국군보안사령부 광주분실로 압송되어 갔는데, 미리 그 사실을 전해 받은 필자는 사무실과 신혼살림 전세방의 소지품 자가 검열을 통해 몇 가지 불온책자? 일본어판 마야코프스키 혁명시집 등와 문건들을 파기, 도피시키는 한편 이 보고서만은 급한 김에 그 무겁고 덩치 큰 자개 이불장 밑에 끼워 넣어 두었던 것이다. 옥살이를 마치고 나왔을 때, 가족재회의 감격도 건성건성, 우선적으로 이 책자의 안전 보존 여부를 확인하는 수선을 떨었음은 또한 물론이다.

PART 06

김대중金大中 총재의 서명 기증본 저서 3책과
이희호李姬鎬 여사의 서명 기증본 저서 1책;

피와 땀과 눈물로 얼룩진 자국들

탐서력探書歷 50년에 이르러, 그동안 모은 산더미 같은 책 무더기 속에서 추리고 추려 만여 권의 장서를 골라내다 보니, 책더미 사이에서 켜켜이 쌓인 재미있는 사연들이 심심찮게 튀어나온다. 혹자는 주로 고서상이나 수집가나 호사가들 알뜰살뜰 정겹게 주고받은 연서 쪽지를, 혹자는 사진이나 낯 뜨거운 음화 쪽지를 발굴?했느니 하고 그 진기한 행운?들을 침이 마르도록 주워들 섬기지만 필자의 것은 다분히 배부른 유한 한량들의 밑도 끝도 없는 호기심이나 재화적 잇속과 관련 있는 그런 세속적인 사연들과는 거리가 먼 이야기이다. 어쩌다 발견하는 유명인들의 육필원고나 서명이 있는 명함 연하엽서, 그리고 유명인사들의 자필 서명 기증본 저서 관련 이야기가 고작이다.

대학시절부터 몇십 년간 꾸준히 사 모으다 보니 『白凡逸志』의 김구 선생을 비롯한 유·무명인사들의 정감에 넘치는 서명본 책이 꽤나 모아져, 그것들만으로도 독립된 벽면의 한 서가를 채울 정도가 되었지만, 여기서는 우선 필자와도 옅은 인연이 있는, 한 시절 한국 현대사의 '유

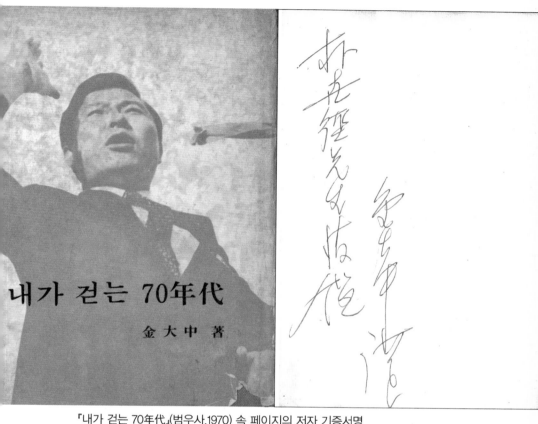

『내가 걷는 70年代』(범우사, 1970) 속 페이지의 저자 기증서명

형인流刑人'의 표상처럼 여겨졌던 김대중 총재굳이 김대중 대통령이라는 직함과

구별지으려 하는 이유는 뒤에 나오지만와 부부–동지 사이인 이희호 여사의 저서

와 관련된 서명 기증본 이야기에 한정할까 한다. 이 이야기의 소재서가

되는 네 권의 기증서는 『내가 걷는 70年代범우사』, 『민족의 한을 안고; 옥

중서신뉴욕 갈릴리文庫』, 『대중경제론靑史』, 『나의 사랑 나의 조국』이다.

『나의 사랑 나의 조국』, 명림당, 1992

일반적으로 '사인본'으로도 불리는 저자 서명 기증본의 형태와 의의
와 그것이 갖는 정취는 주고받는 사람들 개개인의 독특한 사회적 신분
이나 처지나 입장, 그리고 인품의 개성에 따라 천차만별의 모습을 보
여주고 있어 한두 마디로 정의하기는 힘든 일이나 필자의 겪어온 경험
에 의해 다음 몇 가지 형태로 구분지어 볼까 한다.

그 하나는실인즉 이 부류가 진정한 표본에 속한다 하겠지만 시인묵객이나 학자
들 사이에 나누는 연구 성과나 완성작품에 대한 희열, 분만 감정의 공
유형태로서의 것일 터인데 이 경우야말로 문화예술인, 학자들 간의 기
증본 교환 행위를 통한 순수한 목적의 '淡淡之交'의 한 모범적 형태의
발현이라고도 할 것이다. 그런가 하면 우리 사회 저변의 보편적 구성
원보통사람들인 정치인 군인 관료 사업가들이 주체가 되어 벌이는 '동지
동료애' 구축, 공고화 작업의 일환으로서의 별반 문향文香은 풍기지 않
지만 그런대로 약간 의리와 인정감이 작동하는 서명본 기증 행위가 있
을 것이고, 혹은 핍박받는 고난자에의 위무, 격려 행위로서의 서명본
기증행위가 있을 터인데, 이는 사상범이나 변혁운동권 동지들간의 상
호격려를 통한 존재감의 확인과 무력감으로부터의 탈출, 투쟁의지의
돈독화 그리고 확대 재창출의 기능을 수행할 터이다.

그밖에도 수많은 양태의 서명본 기증행위가 있을 터이지만, 무엇보
다도 꼴불견인 것은 요즈음 우리 사회에 독버섯처럼 만연하고 악성 전
염병처럼 창궐하는 소위 '정략적, 정상적政商的' 목적의 '출판기념회'라
는 이름의 서명본 저서 기증행위이다. 뇌물이나 정치자금 '수금모금과
는 거리가 먼 목적'의 혹은 '면전 아첨, 아부' 목적의 교언영색에 능한 인사
들의 상호 눈도장 찍기 행위로서의, 그 알량한 금배지 부착 인사나 철

덜든, 정치지망생 인사들의 후안무치한 '출판기념회'란 이름의 서명본 기증행위가 바로 그것이다.

어떻든 '淡淡之交' 목적의 것이든 혹은 동지애 구축이나 격려성 목적의 것이든, 그것을 주고받는 사람들의 '감동과 흥분'이 최소한의 진성성과 신뢰성만 띠고 있다면, 그 행위에 '品格'의 차이가 견줌의 대상은 될망정 무작정 나무라기만 할 일은 못 된다 할 것이다.

아무튼 인쇄소에서 갓 찍혀져 나온 수많은 부수의 동일한 형태의 무미건조한 보통명사적 인쇄물의 특정의 어느 한 권卷에 기증인·수증인의 고유명사가 모필 글씨나 만년필 글씨나 혹은 볼펜·사인펜 글씨 등으로 붓자국을 내면, 그것은 '大仏에 점안'하는 격이 되어, 그 책에만 고유하고 독특한 생명력을 갖고 향취를 풍기는 한 점의 예술품으로 격상되는 것이다. 그것은 눈에 보이지 않는 은은하고 고아한 정취를주는 즐거움, 받는 즐거움, 감상하는 즐거움을 기증자, 수증자, 감상자 모두에게 안겨줄 터인데 그것이 정성스럽고 멋있게 일필휘지로 잘 쓰여진 '美筆'이라면 더욱 그러할 것이다. 요즈음 배운 바, 본 바, 얻어들은 바 없는 시정市井의 3~4급 정도의 아류亞流 인사들의 성의 없고 품격 없이그것도 자기들 딴에는 무슨 멋이라고찍찍 갈겨쓰는 '기증사인본'이란 것을 대하면 왈칵 구역질이 나오고 만다.

기증사인본과 관련하여필자가 경험한 또 한 가지의 특징은, 특히 유명 정치인이나 직업운동가들의 경우 애초 목적이었을 터의 권좌에의 접근이나 운동 목적 성취 이전의, 극심한 인신탄압을 받는 고난시절이나 낙백시절의 것에서 진정성과 아취가 더 묻어 나온다는 점이다. 흔히

홍선대원군의 낙백 시절의 난화蘭花 한 폭이나, 김삿갓이 보리밥 한 그 릇 얻어먹고 가난한 농부에게 써주었다는 휘호 한 점이 더 선호된다는 호사가들의 그럴싸한 야사류野史流의 품평도 있지만, 이는 결국 이해관 계가 생기기 이전의 것, 순수 열정의 인품이 때 묻기 이전의 것을 범상 인들은 놓치고 싶어 하지 않아서일 게다.

당연한 이치로 어느 유명인사가 가령 권좌權座의 정점에 오른 이후 의 것은, 그것은 이미 권력화權力化되었다는 이유 하나만으로도 가치와 멋이 소멸되거나 반감된다. 바꾸어 말하면, 당사자가 '어떤 자리特히 정치 적인'에 앉으면, 가령 국빈이나 외국인사들에 대한 피할 수 없는 외교관 례나 의전상의 목적으로 주고 받는 행위는 용인될 수 있을지언정, '기증 서명' 행위는 '하지 말아야' 된다는 이야기이다. 만인지상의 제1인자가 만인에게 일만 가지의 차별이나 특혜를 준비하는 일이 되기 때문이다.

그리고 또 하나, 기증자나 수증자의 생존 시에 제3자인 타인이 그것 의 전유轉有나 관련 사항에 관한 자랑이나 훼예포폄을 명시적, 공개적으 로 하는 일은 되도록 삼가야 한다는 일이다. 이는 인간 상호 간의 기 본적 예의범절에 속하는 일이기 때문이기도 하지만, 공공의 목적이 아 닌, 특히 사감이 개재된 경우는 되도록 조심하고 삼가는 일이 옳다는 이야기이다. 국민학교 수신교과서 같은 이야기라 할지 모르지만 필자 의 겪은 경험상 그렇게 느껴진다는 이야기일 따름이다. 필자 나름으로 터득하여 정립한 서명 기증본 취급원칙?에 입각하여 이 원칙에 근접, 타당하다고 생각되는, 이 시점에 공개하여 추억담을 늘어놓아도 무방 하겠다고 여겨지는, 김대중 총재대통령이 되기 훨씬 이전의 고난의 行程 최극성기 의 서명 기증본 저서 3책을 그래서 위에 골라본 것이다.

『民族의 恨을 안고』속페이지의 저자 기증서명

　　『내가 걷는 七十年代汎友社; 1970년 재판; 547p』는 1971년의 제8대 대통령선거 준비 홍보용으로 발행한 책이라 할 것인데, 김대중 의원당시 야당 신민당의 맹장으로 대통령 후보가 되기 이전의의 의정활동 과정에서의 논설-연설-수상-대담 등을 실은 것이다. 속표지에 종서로 "朴世俓先生 淸鑑 金大中 謹呈"이라고 볼펜 글씨로 서명되어 있다. 전북 임실 출신의 박세경 의원은 독학으로 만주국 고문高文과 변호사 시험에 합격한 자유당 소속의 재선의원4대 민의원 법사위원장, 온후한 인품의 박 의원은 4대국회 법사위원장을 지냈는데, 진실하고 성실한 자세는 여야 간에 모두 인기가 좋았다고 한다. 기독교청년운동에도 관여했던 씨는 이 기증본을 받을 당시는 변호사로서, 그때부터 일기 시작한 70년대의 초기 민주화운동에 관여하면서 김대중 의원과 약간의 정치적, 인간적 교우관계를 맺었던 것으로 짐작된다. 실제로 몇 년 후 그는 1976년의 3·1명동사건에서도 김대중 의원과 같은 입장에 선 행보를 걷는다. 그러니 고난 시절의 동지에게 드리는 격려, 위무성 기증본이라 할 수 있을 것이다.

『민족의 恨을 안고; 옥중서신 뉴욕 현지 발행; 갈릴리문고 발행; 1983년 12월 1일』은 1982년 12월의 병보석으로 망명해 간 미국 현지에서 발행한 것으로, 1980년 11월 21일부터 1982년 12월 15일까지의 부인 이희호 여사와 홍일, 홍업, 홍걸 등과의 29차례에 걸친 옥중서신 모음이다. 속표지에 만년필 종서로 "文東煥博士惠鑑 一九八三年 十二月 十九日 金大中"이라고 서명되어 있다. 문동환 박사는 한신대 교수를 지낸 자유주의 신학자로, 미국 체재 시절부터 김대중 총재의 민주화운동 동지로 돈독한 교우관계를 맺었다. 1988년에는 평민당 소속 전국구 의원으로 광주5·18특위 위원장을 맡기도 하였는데, 의원 임기가 끝난 후에는 정치활동에 연연하지 않고 깨끗이 신학계로 원대복귀한 참 신앙인이요 신학자이다. 이 서명본 역시 고난의 길을 같이 걷는 동지에의 격려, 위무성 내지 동지애 구축 목적의 기증본이라 할 것이다.

그런데 이 책은 이듬해인 1984년 8월 15일자로 청사青史출판사의 함영회사장 명의로 『김대중 옥중서신; 민족의 한을 안고』라는 제명으로 약간의 소제목과 편차만을 바꾸어 재출판된다. 발행인 함영회 사장은 고려대 철학과 출신의 정치 지망생으로 당시 김대중 총재 계열의 〈민주헌정동지회〉 대변인을 맡고 격심한 탄압 속의 민주화운동에 헌신하고 있던 소장 정치인이기도 하였는데, 이 책이 나오자 대단히 많은 부

김대중 옥중서신

민족의 한을 안고

靑　史

수가 팔리면서 당국에 의한 '임의판금'조치가 내려져 뺏고 빼앗기는
수난을 겪어야 했음은 물론이다. 그러한 어느 날 필자가 농담조로 "그
많이 팔린 돈으로 청사출판사도 이제 근사한 빌딩 하나쯤…"하고 놀
렸더니, 그 우문에 대한 함영회 사장의 대꾸는 "무슨 소리요…, 8할은
○○동의 민주화운동 자금으로…." 과연 현답이었다.

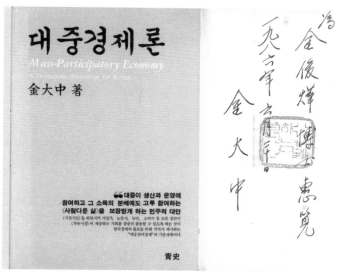

『대중경제론』(靑史, 1986) 속페이지의 저자 기증서명

『대중경제론 靑史: 1986년 3월 30일, 245p』. 전 10장과 부록으로 구성된 김
대중 총재의 정치경륜서. 이 책이야말로 김대중 총재의 경륜 있는 수월
한 정치가로서의 면모와 머지않아? 닥쳐올 집권 시에 펼칠 경제정책의
'속내'를 은근히 비춰준 예비정책서이다. 이 책의 집필에 故 박현채 교수
의 탁월한 자문과 조언이 있어, 사실상 이 책은 1970년대에 문고판으

로 나온 『대중경제 100문 100답』과 함께 김·박 공동저술이라는 평판이 나돌 정도였다. 속표지에 종서의 만년필 글씨로 "爲金俊燁博士惠覽 一九八六年 六月二十日 金大中"이라는 서명이 있는데, 이 무렵을 전후하여 김준엽 총장도 학원사태의 와중에서 당국과의 마찰 끝에 책임을 지고 자의반 타의반으로 총장직을 물러나야만 했던 고난과 역경의 낙백시절이었는지라, 결과적으로 기증자와 수증자에게는 그야말로 동병상련의 처지를 이겨나가게 하는 '운치있고 정감에 넘치는' 격려, 위무, 동지애 구축의 촉매제가 되었음이 분명하다.

사족 같은 이야기이지만, 기증 서명 글씨는 어느 정도 저자의 운필력이 뒤따라야 자꾸 펼쳐보고 싶어지는 법인데, 필자가 겪은 바로는 다른 2김金인 YS와 JP의 글씨나 박마리아, 이희호 여사의 글씨들과 마찬가지로, 김 총재의 서명글씨는 개성적이면서도 그런대로 힘과 기개 넘치는 필세를 과시하고 있다는 생각이 들어 다행이었다. 요즈음 2~3세대 정치인이나 문인들 중에서 아취 있고 품격 있는 서명글씨를 볼 수 있는 낭만시대는 이제 마감됐다는 아쉬움을 금할 수 없다.

* 이희호 여사의 자서전 『나의 사랑 나의 조국』(1992년 11월 25일 초판)은 1999년 1월 21일에 동년배의 어느 여류명사인 듯싶은 분에게 기증하였는데, 이 책에 관한 언급은 후일로 미룬다.

作男午♢

邏歌詩方
旅小情

PART 07

『時調集』『心影』『旅情』;
3권의 김오남金午男 시조집

『시조집』, 성동공고 인쇄부, 4286년

『心影』, 同人文化社, 4289년

『旅情』, 文苑社, 4293년

지금 내 서가에는 4+6판형의 아담한 장정의 손때 묻은 시조시집 3권이 나란히 꽂혀 있다. 『時調集성동공고 인쇄부; 4286년』,『心影同人文化社; 4289년』,『旅情文苑社; 4293년』.

이는 일찍이 우리 여류시단을 주옥같은 서정시조로 빛나게 장식했던 김오남金午男시인1906~1993의 시조집들이다. 필자가 고서점에도 그리 흔하게 나돌지 않는 이 나이 먹은 추억의 고시집들을 빠짐없이 갖추고, 또 그것들을 언제라도 손쉽게 꺼내 볼 수 있는 서가 앞단에 꽂아놓은 것은 저자가 필자의 5촌 숙모라는 족벌인연 때문이기도 하지만, 한 평생을 간난 속에 일관되게 문학 일변도의 길을 걸어온 그분의 문학에 대한 열정과 생애에 대한 존경심에서이다.

저자가 필자의 5촌 숙모라는 내력을 좀 더 자세히 이야기해보면, 필자의 진외가 쪽으로 아버지의 외사촌 형님할머니의 친정 오라버님의 아드님 정봉윤丁鳳允;1903~1988님이 바로 김오남 시인의 부군이시니, 저자는 우리 돌아가신 아버지1913~1966의 외사촌 형수님이 되시고, 그래서 필자

의 5촌 숙모가 되신다는 이야기이다. 그래서 필자의 소년시절_{저자의 첫}
시조집 『時調集』 발간 무렵부터 아버지는 무슨 일만 있으면 '한국의 훌륭한
규수시인 김오남 형수'에 관한 자랑 섞인 일화들을 교훈삼아 가족들
에게 들려주시곤 하였다. 물론 어머니에게는 외아들 국진의 병수발에
후술하겠지만 초인적인 모성애를 쏟아붓는 헌신적인 어머니상을, 또 우리
자식들에게는 고학이나 다름없는 독학篤學의 과정 끝에 백과사전에 오
를 정도의 훌륭한 여류시인이 된 숙모님의 분발심을 본받으라는 함의
가 담긴 '영웅담?' 비슷한 훈계조의 강의였을 것이라고 생각되지만.

또 5촌숙 정봉윤 님은 경상남도 남해군 출신으로_{필자의 고향인 광양으로}
일족이 이주해 오기 이전의 증조부대(代) 윗대의 세거지, 일본 고마자와駒澤대학을
졸업, 숙모와의 결혼 당시는 고등보통학교 국어선생님이었으나, 해방
후 서울시교육위원회 학무과장을 거쳐 선린상고, 성동공고, 진주고교,
울산여고 교장을 지내시다가 정년퇴직, 그 후로는 얼마 동안 동아대학
교 고전연구소 고전번역위원으로 활약하셨던 분이다. 그래서 필자는
소년시절부터 오늘날까지 '김오남 숙모님'에 대한 가족사적 전설과 일
화들을 많이 간직하고 있는 셈이다.

소년의 눈에 비친 '김오남 숙모님'은 필자가 고교 진학 이후의 철들
무렵부터 눈뜨기 시작한 초보적인 한국문단사 섭렵과정에서 규수시
인으로 비중 있는 문단사적 위치를 차지한다는 사실을 깨닫고 더욱더
존경의 념과 친애의 정을 굳혀가게 되었다. 그리하여 김오남 숙모님
의 세 권의 시집을 모두 구하여 필자의 아끼고 아끼는 애장본으로 서
가 앞단에 꽂아놓고 생전에 몇 번 뵈었을 때의 추억담과 함께 수시로
정겨운 회상의 시간을 갖는 것이다.

김오남 숙모님의 인생과 문학의 연대기는 공식화된 백과사전적 이력으로 우리 문단사와 세간에 널리 공포되어 있으므로 문학도도 아닌 필자가 굳이 번거롭게 다시 이 글에서 재탕으로 나열할 필요는 없을 줄로 안다. 이를테면 "일찍이 연천군 군남면 왕림리에서 4만 평의 농지를 소유한 지주이며 한의사이자 약종상인 김기환의 차녀로 출생→진명여고를 수석으로 졸업→일본여자대학 영문과 졸업 후 조선일보사 입사1930년 8월→진명여고 교사1931년~1944년→수도여고 교사1948년 ~1950년→절필 후 칩거생활 중 1993년 11월 4일 상도동 자택에서 영면. 1932년《新東亞》지에 시조 13수를 발표하여 문단에 데뷔한 이후 3권의 시집을 상재한 우리 여류시단의 선구…"라는 식의 전기사항을 말이다.

다만 문학사가들의 정의한 바에 따르면, 김오남 시인은 "시조부흥운동에 여성으로서 첫 번째 이름을 올린 우리 여류 시조시단의 선구로서, 경기도가 낳은 불세출의 여성문인."으로 자리매김되어 있음을 필자는 인지하고 있다. 일찍이 우리 국사학계의 태두이신 해원海圓 황의돈黃義敦 선생은 『心影』의 서문에서 "김오남 씨는 한국에서 새로 난 여류시인으로서 그 작품의 좁그럽고 꽃다움이 허난설許蘭雪 이옥봉李玉峯의 뒤를 이어서 자랑할 만한 시인의 재질을 가지고 나선듯하다…"고 상찬하여 문학사가들의 문단사적 위치 매김과 궤를 같이하고 있다.

또 많은 평가評家들이 근래에 와서 김오남의 문학과 생애에 대해 여러 각도로 평설의 메스를 들이대어 그야말로 '김오남 시조문학 르네상스 붐'을 일으키고 있음은 만시지탄의 감은 있으나 우리 여류 시조문학사를 위해 무척 다행스런 일이라는 생각이다. 그중에서도 건국대학교 박혜숙 교수의 "한 여성 시인으로서, 한 집안의 어머니와 아내로서, 그리고 후세를 가르치던 교육자로서, 우리 근현대사의 여성들 가운데 나름대로의 족적을 남긴 훌륭한 인물이었다."라는 종합적 평설은 김오남 시인의 문학인생을 되돌아보는 점검 작업에서 정곡을 찌르는 시각이었다는 필자 나름의 소박한 독후감이다.

그러한 화려하고도 영예스러운 문단사적 이력에도 불구하고 생애 중반기 10여 년간의 숙모님의 문단활동과 대사회활동은 반칩거에 가까운 모습을 드러내고 있는데, 이는 그분의 개인적, 가정사적 일상이 매우 힘들고 가파르고 간난고초에 찬, 그야말로 범인凡人으로서는 헤어나기 어려운 지경에 처해 있었던 데 연유하지 않을까 하는 생각이다. 그러한 환경적 요인이 숙모님으로 하여금 당신의 문단사적 이력과 비중에 걸맞을 '화려한' 문단교유 활동을 멀리하게 했을 것이다.

그 고통스런 가족사적 시련이란, 필자가 소년시절 아버지로부터 전해 들은 바로는 외아들 국진필자에게는 진외가로 5살 위의 6촌형; 전 세종고등학교 음악 교사의 '결핵성 관절염' 발병에 따른 10여 년간의 병 수발과 제자에의 빚보증으로 뒤집어쓴 '빚 달련' 고통의 두 가지가 아니었나 싶다. 그러한 심적, 물적 고통 속에서도 '천직'인 시조 창작 작업이 계속되었음은 다행이었다 할 터이지만.

김오남 숙모님의 중년인생대충 1950년~1960년대 중반을 몹시 괴롭혔던 2대 시련의 하나였던 아들 국진의 소년기의 결핵성 관절염의 발병. 청천벽력과 같은 이 시련의 개막과 종막까지의 10여 년간에 이르는 그야말로 '한치 앞을발목 복숭아뼈를 균이 먹어 들어가 걷지도 못하는 이 병이 나아 제대로 사람 구실을 할 수 있을 것인가 하는 내다볼 수 없는' 시련의 상세한 내용을 몇 가지 요약해 보면 "…치료방법이란 절대안정과 當處의 일광욕 치료법, 그리고 영양섭취였다. 쇠꼬리 한 개, 닭 한 마리, 마늘 한 접, 소주 한 되, 설탕 근반, 이렇게 섞어서 곰국을 만들어 조리에 받친 것을 매일 두 공기씩 먹이기…."를 10년『心影』 38~41페이지의 시 '자식의 병'과 해설문, "국진을 업어 국민학교에 보내고 또 업어 데려오기를" 꼬박 10년필자의 아버지의 傳言, "하늘은 성의를 알아주심인지 오늘날에 와서 다리는 나아…."'자식의 병' 해설문 및 시조 '자식의 병이 났다', 그 뒤 국진 형은 용산고등학교와 서울대학교 음악대학을 나와 결혼을 하여 두 아들을 낳고 세종고등학교 음악교사로 있다가 숙모님 영면1993년 후 미국으로 이민을 가고 말았다. 자주 만나지는 못했지만 몇 차례 만나 가족 관계 이야기를 주고받은 적이 있었던 국진 형이 이민가지 않고 국내에 남아 있다면 지금쯤 늙마에 접어든 우리는 또 정겨운 회상담을 주고받고 할 터인데…, 그럴 수 없음이 아쉽다.

또 하나 오남 숙모님의 중년 인생의 발목을 잡았던 빚 달련. 일설에는 당시 부녀자들 사이에 유행하던 계의 파산으로 인한 빚 달련이라고도 하고필자의 아버지의 傳言, 또 다른 일설에는 사랑하는 제자에게 빚보증 서준 것이 빌미가 된 빚 달련이라고도 하는데, 필자가 얻어들은 바로는 '가정파탄'에 이를 만한 규모의 큰 빚을 안고 상당 기간 채귀債鬼에 시달리는, 그야말로 '빚 독촉에 나날이 사는 맛이 아닌' 빚 고통의 삶을 살아야 했던 것이다. 이에 관한 심정을 담은 시조 '빚 달련'이 제3시조집 『旅情』에 실려 있다.

그러나 필설로는 다 표현할 수 없는 이런 고통도, 학창 시절의 "…밤이면 잠을 자지 않으려고 일부러 모기에 뜯겨가며 공부하여" 진명고녀進明高女를 수석으로 졸업하고 일본으로 유학을 갔을_{일본여자대학 영문과} 정도의, 그 강인한 고난 극복의 정신으로 다 이겨내고 또 그런 와중에서도 시조 창작활동은 중단하지 않아 세 권의 시조집 등에 발표한 422수의 방대한 양의 작품을 남기며 88세까지 장수하셨으니, 속으로야 마음 골병이 들 대로 드셨겠지만, 문학과 생애에 이처럼 장대한 인간승리의 금자탑을 쌓아올린 김오남 숙모님은 '강한 어머니, 강인한 여성'의 한국인적 표상임에 틀림없다.

그러한 어머니상, 여성상을 흠모하는 필자의 서가에 이 세 권의 시조집이 나란히 꽂혀 있어야 함은 당연한 일이 아닐까. 이 추모의 글 아닌, 회상기 비슷한 '詩集 이야기'를 마무리 하면서, 마지막으로 국진 형의 발병과 병 수발의 고통의 심정을 그린 시조 '자식의 병'心影』40~41페이지 수록'과 '자식의 병이 났다'心影』65~66페이지 수록' 두 편과 해설문을 전문 전재轉載하여 독자들과 함께 읽으며 오남 숙모님을 추모하고자 한다.

*子息의 病

자식의 병으로 인하여 나처럼 고생한 사람은 드물 게다. 결혼하여 남매를 낳어 길렀다. 위가 딸이고, 두 살 아래가 아들이다. 이름을 국진國鎭이라고.

그런데, 이 국진이 병이 그리도 나를 애태우던 것이다. 병명은 결핵성 관절염이란 것인데, 발목 복숭아뼈를 균이 먹어 들어가는 병이었다. 그 애가 다섯 살 되는 해 정월에 걸린 병이 十五세 되는 해 四월 二十三일에야 비로서 땅을 딛게 되었으니 만 십 년을 두고 고생을 한 것이다.

치료 방법이란 절대 안정과 당처當處의 일광욕 치료법, 그리고 영양 섭취였다. 쇠꼬리 한 개, 닭 한 마리, 마늘 한 접, 소주 한 되, 설탕 근반, 이렇게 섞어서 곰을 만들어 조리에 바친 것을 매일 두 공기씩 먹이었다. 철없이 요동하는 것을 붙들고 앉아 일광욕을 시키며, 해쓱한 그 얼굴을 바라볼 때 어미의 심정은 아프다고 할까 견디기 어려웠다.

'엄마, 인제 고만 둬요' 하고 안타까이 굴 제, 눈물을 아니 흘릴 길이 없었다.

빈한한 살림은 먹을 것을 마음대로 사 댈 길이 없었다. 의사는 심하면 다리를 자름이 옳다고 한다. 생명을 건지려면 이 길만이 첩경이라고들 했다. 그러나 장래를 생각해 볼 제 그럴 수가 없었다. 오래 두고 견디는 것이 이 병을 낫우는 길이라고 결심했다. 그래서 그 한 방법만을 되푸리하기 십년, 하늘은 성의를 알아 주심인지 오늘날에 와서 다리는 나았다.

세상 일에 무심한 나이었만 이 자식 다리로 인한 관심만은 컸던 것이다. 근심과 걱정으로 잠을 이루지 못한 것이, 하루 이틀이 아니었다. 십년! 이 십년이 그리도 길었던 것이다. 당처當處에서 고름이 나올 제 그 놀램은 컸었다. 내일이나 좀 나을까. 그러나, 내일이 어제같은데는 철석鐵石 간장이라도 아니 녹는단 수가 없었다. 넋을 잃고 먼 하늘만

바라본 적도 있었다. 한밤을 그저 샌적도 많다. 거짓이 없고, 꾸밈이 없이 솟아나는 칙은한 정, 이것이 어미의 자식에 대한 정인 듯 싶다.

註: 맞춤법은 초판 문장 그대로

앓는 子息안고 애태는 어미심정
오늘도 어제같으니 이리맘이 타는구려
하늘을 우러러보며 신세한탄 합네다

앓는곳 만지면서 애끓는 이내심정
불상코 칙은해서 더욱더 애끓구려
언제나 快히나아서 어미기쁨 보이려노

* 子息의 病이 났다

십년이 그리 긴 것도 아니다. 그러나, 속담俗談에 "십년이면 강산이 변한다"는 말이 있다. 한 세계가 변하고 만다는 뜻이다. 사람이 가지 말라고 비는 시간은 십년도 일순一瞬이다. 그러나, 어서 가라는 시간은 "일각이 삼추三秋"란 말이 있다. 병이 들었을 때 며칠 아니 가리라는 의사의 말은 몇 십년보다도 길게 느끼는게 병자의 심경心境일 게다. 그런데, 이 애 국진國鎭이 병은 오래 끄는데 유리有利하고, 시간이 가면 낫는다는 게 의사의 말이었다. 그러니 일시가 삼추같이 지내지 않을 길이 없었다. 시간이 가고, 날이 가고, 해가 바뀌면 늙는다 한다. 그러나, 자식을 고쳐보려는 일념一念은 내 몸 늙는 게 문제가 아니었다.

어서 빨리 세월이 지나서, 이 애가 二十이 가깝게 되어 병이 낫고 걸음을 걸었으면 하는 게 어미의 소망所望이었다. 기대期待의 온갖인 것이었다. 그러는 동안에 마음은 괴로웠다. 잠시 든잠이 깨면 걱정과 근심, 운명의 저주와 오생吾生의 비애悲哀만이 마음을 괴롭혔던 것이다. 잠이 원수라 잠든 때면 모든 것을 잊는 듯 했다. 그러다가도 잠이 깨면 깨우치는 게 국진이의 다리었다. 만지면 가늘기가 촛대 같다. 불쌍한 자식, 이것이 모두 어미의 책임인 것 같이만 느껴진다. 그래서 촛대 같은 다리를 쥐고 눈물을 흘린 적이 얼마나 되었던고. 내 몸이 성하다. 건강하다. 이 건강한 몸으로도 세상을 지내오는 동안에 고단을 느끼는 게 상례常例여든 이 병신 다리를 가지고 세상을 걸어갈 자식의 신세를 생각할 제 견디기 어려운 비애가 가슴을 눌렀다.

이 병신 다리를 가지고 어떻게 세상을 살아가나, 또 절름발이란 듣기도 끔찍한 조롱을 어떻게 받는단 말이냐. 혹 틈이 있을 때면 이 답답한 심경을 적어보고 싶었다. 그러나, 쓸 길이 없어 붓을 내 던지고 한숨만 진것도 한 두 번이 아니었다. 이러는 동안에 십년은 갔다. 얼마나 지리했던가. 그러고도 일 년이 된 오늘날 완치完治가 되어 땅을 디디고 일어서서 지척지척 걷는 것을 보았다. 반갑다고 할까. 너무도 어이없는 기쁨에 어리둥절 했다. 눈물이 저절로 흐름을 금할 길이 없었다. 반가와서다. '이놈 국진아 걷는구나' 무두무미無頭無尾한 한 마듸가 저절로 나왔다. 이것이 자식의 병을 고치느라고 애쓰던 나머지, 자식의 첫걸음을 띄어 놓는 순간, 어미의 기쁨이며, 즐거운 표정表情이었다. 나는 비로서 거울을 들여다 보았다. 십년 후 오늘의 나는 확실히 늙었고나.

청춘을 찾을 길이 없다. 비로서 내 몸의 늙음을 깨닫게 되는듯한 느

낌을 느끼게 되었다. 그러나, 자식의 걷는 기쁨은 인생의 늙는 슬픔도
다 없어지도록 하는 신비를 가져오고야 만 것이다. '국진아 네가 정말
걷는구나' 십 년 넘어 지내온 비애, 고민, 고통, 안타까움이 비 개인 뒤
같이 깨끗하고나.

생각하니, 아득하다. 열 한 해가 얼마이냐. 오늘이나, 내일이나, 정
성精誠껏 치료治療하던 일. 오늘에 성과成果가 나니 크게 웃어 보노라.

十年넘어 앓는子息 고치려는 어미심정心情
입과글로 못다쓰고 당해보소 할 수밖에
애간장 끓던말이야 일러무삼 하리오

* 추기

1960년 4·19가 난 뒤 허정 과도정부 시절 말로만 듣던 숙모님이 전남
광주의 고종사촌 시아주버님인 우리 아버지를 찾아오셨다. 그때 고등
학교 1년생으로 철없는 소년이었던 필자는 두 분 사이에 무슨 이야기
가 오갔는지 기억이 없으나, 지금 와서 기억을 되살려 보건데, 취직 알
선 부탁차 오신 것이었다. 사연인즉, 그때 우리 아버지는 군수급 직위
의 전남도청 고급공무원으로 어지간한 인사청탁문제에는 마음만 먹으
면 상당한 영향력이 있던 시절로서, 숙모님은 그걸 알고, 교육계에의
복귀운동차 내려오신 것이었다.

아들 국진의 병간호를 위해 수도여고를 마지막으로 10여 년간 교직
을 떠나 있었던 숙모님은 이제 국진도 건강을 회복하였고, 또 계 파산

으로 인한 가계의 극심한 경제난을 해결하고, 남은 인생을 다시 사회활동의 장교육과 문단활동에서 불태우고자 하는 심정에서 취직운동차 아버지를 찾아오신 것이었다. 그 사연을 좀 더 구체적으로 이야기해 본다면, 당시 광주의 명문 전남여자고등학교 같은 데서 당신의 전공인 영어선생이나 국어선생을 하면서 후진 양성도 하고 본격적인 문단활동도 재개해보려는 각오인 것 같았는데, 그것이 뜻대로 되지 않았던 것 같다.

그 뒤 4년쯤 후, 필자가 서울에서 대학을 다닐 무렵 당시 용산고등학교 근처에 있는 고풍스런 일본인 적산집에 살고 있었던 숙모님을 인사차 찾아갔는데, 간단한 점심 대접을 받은 후 문학과 학창생활에 관한 이런저런 이야기 끝에 가장 호기심에 가득 차하며 벼르던 서재와 장서 구경을 요청하였다. 그때 숙모님은 "나는 서재나 장서 같은 것은 전혀 가지고 있지 않다." 하시며 몹시 아쉽고 쓸쓸해하시던 표정을 지으셨는데, 지금 와서 생각해 보니, 그 난리통국진의 병수발과 빚 달련?에 그런 것을 꾸미고 가꿀 여념이 없으셨던 것이 아닌가 하는 짐작이다.

PART 08

『한총련의 실체; 이적성과 폭력성
경찰청, 1996년 9월 17일 발행; 비매품』과
배포 중지된《연세춘추》1297호 1996년 9월 2일자 및
1298호 1996년 9월 9일자

한총련의 실체

이적성과 폭력성

경 찰 청

『한총련의 실체』, 경찰청, 1996.9.17

한총련의 실체

발행일 : 1996년 9월 17일

발행처 : 경　　　찰　　　청

<비매품>

『한총련의 실체』, 판권지

《연세춘추》 1297호(1996년 9월 2일자)

《연세춘추》 1298호(1996년 9월 9일자)

위 3종의 문건은 1996년 8월 12일부터 8월 20일까지 한국대학총학생회연합_{당시 의장: 정명기 전남대 총학생회장} 주최로 연세대학교에서 열렸던 '제7차 범민족대회' 및 '제6차 남북청년학생통일대축전' 기간 중 벌어졌던 대규모 무장 폭력 난동사태와 관련한 경찰청 발행의 원색 화보집과 연세대 사태를 흑색 대형 화보와 특집 보도기사 및 해설기사로 편집한 학내신문 《연세춘추》1297-1298호이다.

전자는 경찰청이 난동 시위 사태의 전모를 사진 채증한 9일간의 폭력 난동 시위현장의 천연색 사진들에, 사태의 주체인 한총련의 내력과 정체성을 분석한 '정보분석서'를 곁들인 4+6배판 아트지 50페이지 분량의 원색 화보집으로 일종의 관변 문건官簿書이라 할 것이고, 후자는 사태종료 후 2주일 만에 지각 발행된, 연세대 사태를 특집보도한 각 16면짜리 주간 학생 자치신문 《연세춘추》특집호이다. 어찌 보면, 제작의 주체와 편집의 방침과 논조가 적대적이고 상반적일 수밖에 없을 상호대척적 문건의 성격을 띠고 있다.

필자가 고서점에서 우연히 구입한 『한총련의 실체』는 시중 판매용이 아닌 비매품 책자로, 정부 유관부서나 언론기관 연구단체 특수도서관 등에나 한정 제작, 배포했을 일종의 '정책도서'라 할 것이다. 이 책자는 평소의 주기적 고서점 순례 행각 중에 우연히 발견 구입한 것이므로 구입과정에서의 특별히 예견된 긴장감은 없었지만, 《연세춘추》만은 상당한 긴장과 애로 끝에 입수한 것이어서, 특히나 애착이 가는 필자의 애장 문건의 하나이다. 난산한 아이에게 애정이 더 간다는 부모의 심정에나 비견될 수 있을는지.

'시위현장에 유인물 있고, 대형+특수사건 뒤에 으레 보고서 따른다.'는 필자 나름의 '현장 문건' 수집 방침과 요령에 입각, 특히나 정부, 정치권과의 격심한 긴장관계 속에 치러진 이 해의 '8·15청년학생축전' 기간중, 공직자 신분임에도 틈만 있으면아니 가능한 한 없는 틈도 만들어서 거의 매일이다시피 행사장인 연세대학교와 인근 이화여자대학교 주변을 돌아다니면서 유인물 등 시위 관련 문건 수집에 몰두했던지금 와서 생각해도 이게 단순히 수집가적 호사 취미에서만은 아니고, 오늘의 입장과 시각에서 당시의 민주화운동과 통일운동의 공과를 성찰해 보는 데 대단히 중요한 증빙문서가 되고 있음을 자부하는 터이기도 하지만 필자는, 민주화 통일 운동권과 참여자들에게 약간 심파적 호기심과 동정심도 작동된 가운데 사태 현장의 '실지 목격'과 다량의 시위 관련 유인물을 수집하는 2중의 재미에 푹 빠질 수 있었다.

그런데 광란과 같은, 반정부 차원을 훨씬 넘어선 반체제 수준의 시위와 불법 점거, 농성 사태로 얼룩진 청년학생 '축전'이 아닌 '폭동'이 진압된 후, 이제 기다릴 수순은 '보고서 낚는' 일이었다. 어느 쪽정치권이나 치안 당국이나 한총련이나 연세대(학교나 학생회)에서든 필히 책자나 유인물

형태를 갖춘 '사태보고서'란 것이 나와 주는 것이 이번 사태의 피날레를 장식할 예정된 순서일 터인데, 한참을 기다려도 감감무소식. 항용 그러했듯이 초조한 마음으로 '복권 터지기'를 매일 손꼽아 기다리던 중, 2주쯤 지난 9월 2일경의 조간신문에 "한총련사태와 관련한 《연세춘추》특집호1297호; 9월 2일자 학내 배포 중지" 운운의 기사가 실려 있는 것이 아닌가. 이에 쾌재를 부른 필자는 즉시 연세춘추사로 직행, 학내 신분자가 아닌 외부인 신분인 것도 잊고, 편집실로 뛰어 들어가 신문 배포를 요구하니 마침 지도교수인 듯한 3~4인의 인사들이 침통한 표정 혹은 경계하는 듯한 시선프락치나 정보원 기관원이나 아닐까 하는으로 신문 배포 중단 사실만 강조할 뿐, 폐기하고 단 한 부도 남은 것이 없다고 딱 잘라 시치미를 떼는 것이었다. 실망한 나머지 '내 기필코 무슨 수를 써서라도 구하고 말겠다.'는 다짐을 하면서 발걸음을 되돌리고 만 필자의 눈앞 복도 한 켠에 '배포하다 만 듯한' 특집호 뭉치가 눈에 띄는 것이 아닌가. 얼른 몇 부를 집어든 필자는 뒤쫓아 와 빼앗지나 않을까 하는 경계심과 희열감을 안고 재빨리 연세대 구내를 빠져 나왔음은 물론이다.

그런데 나중에 생각해 보니 복도에서의 배포중지 신문 임의취득을 지도교수들은 은근히 묵인해 준 것 같기도 한, '약간 느슨한 형태'의 배포중지 방식이 아니었나 하는 생각이 들기도 하였다. 그도 그럴 것이 엄청난 난동사태 소식을 접한 국민들과 사태 참여 학생들은 아직도 충격으로 인한 격심한 정신적 공황상태 일보 직전에 도달해 있었을 터인즉, 누구든지묵인하에 한 번 읽어보기라도 할 기회를 암묵적 비공식적으로나마 허용해 주자는 교육적 학사행정적 차원의 지혜롭고 신중한 처사가 아니었을까 하는 생각이 들기도 한다.

《연세춘추》 특집호 입수 경위는 이러하고, 『한총련의 실체』는 사태 진압 후 한 달여쯤 지난 9월 17일에 경찰청에서 발행한 초간본을 상당한 시일이 경과한 후 어느 고서점에서 구입하였는데, 역시 치안, 정보기관 주관하인지라 그 편집 발행의 신속, 기민성은 놀랄만한 것이라 아니할 수 없다.

『한총련의 실체』는 '좌익 폭력세력 척결로 사회안정을!!'이라는 제하의 서문경찰청장 박일룡 치안총감과, 한총련의 결성과정, 조직과 기본활동 노선, 이적성 폭력성, 조직체계와 조직도를 분석, 종합한 '한총련의 실체'와 그간의 한총련의 친북 좌경활동의 증거문건과 도구 그리고 이번 연세대 난동사태의 현장 채증사진을 취합한 '원색화보'편으로 구성되어 있는데, 편집자경찰청는 결론으로 (1) 제반 채증자료와 현장사진에서 드러난 한총련의 좌익편향성과 폭력성을 적시하면서 (2) 연세대를 무단점거한 채 소위 통일운동을 구실로 '민족해방군'이라는 폭력 전위대를 앞세워 국가 공권력의 상징인 경찰을 '적'으로 표현하면서 반국가적, 반민주적 테러행위를 자행해 온 저간의 사정을 현장채증 사진과 압수수색 문건, 시위 도구, 사진 등을 근거로 구체적이고 상세하게 설명하고 있으며 (3) 또한 점거 농성 주체수뇌 지도부들은 2명의 학생대표연세대학교 학생 도종화+조선대학교 학생 류세홍를 북한에 밀입북시켜 김일성 동상에 헌화케 하는 한편 연방제 통일 국가보안법 철폐 주한미군 철수 등 북한의 주장에 동조함으로써 친북노선을 분명히 하였음을 밝히면서 (4) 이번 연세대학교 한총련사태를 일부 대학생들의 좌익활동과 시위를 빙자한 폭력 난동행위로 규정하고 있다.

그런데 《연세춘추》 한총련사태 특집호(1996년 9월 2일 발행의 제1297호)의 배포중지와 관련하여 일주일 후에 발행된 제1298호(1996년 9월 9일자) 《연세춘추》의 기사는 "지난 2일, 1297호로 발행된 《연세춘추》가 학교 당국의 배포중지 결정에 의해 전량 수거되었다. …실처장 회의에서 1297호 《연세춘추》가 최근 학내 구성원들의 여론을 충분히 수렴하지 못했다고 판단, 회의가 끝난 후 아침 여덟시 15분경 직원들이 교문 앞에 쌓여있던 우리 신문을 모두 수거한 것으로 알려졌다. 이에 대해 학교 당국은 다음 날 '연세춘추 발행인'의 명의로 "이번 《연세춘추》에서는 피해복구에 관한 관심이 부족한 것을 비롯해 우리 대학교의 입장을 대변하는 데 미흡했다고 판단돼필자가 보기에도 한총련 찬양 일변도의 기사로 채워졌다는 느낌이었다. 배포중지 결정을 내리게 되었다는 성명서를 배포하고 이를 교내 곳곳에 게시했다…."고 1면 머리기사로 보도하고 있다.

또 발행인인 총장 명의의 '연세춘추 배포중단 사태에 관하여'라는 발표문은 "…배포를 부득이 중단하였음을 유감스럽게 생각합니다. …문제가 된 이번 신문은 우리 학교에서 한총련이 9일간 주최한 범청학련 집회와 관련된 기사가 16면 가운데 8면 이상의 분량을 차지했던 바, 전체적인 기사의 내용과 시각이 한총련사태와 관련한 학내구성원의 지배적인 여론을 충분히 수렴하지 못하고 특정한 소수집단의 견해만을 전달하고 있어 이의 배포를 뼈를 깎는 심정으로 중단하지 않을 수… 국민적 관심과 우려의 대상이었던 한총련사태 및 이와 관련한 학생운동의 이적성에 관한 논란을 보도함에 있어 이번 연세춘추는 객관성과 공정성을 충분히 살리지 못…."이라고 학교 당국의 공식 입장을 밝히고 있고, 또 연세춘추 기자 일동 명의의 '연세춘추 배포 중지에 대한 우리의 입장'에서는 배포중지에 대한 특별한 실체적 반박 내용 제시 없이 "편집인 교수의 승인을 거쳐 정상적으로 제작된 신문이形式논리상 맞는 말일 수도 있지만; 필자 주 총장 이하 실·처장들의 자의적 판단에 의해 배포 중지되었다는 점에서大學신문 제작이 어디까지나 國是와 校是의 지도이념하에 교육적, 修習的차원의 논조 천명만이 허용된다는 도덕적 의무를 일탈 망각하고, 보이지 않는 세력과 충동적 이념의 노예가 되어 있음을 간과하고; 필자 주 말로 표현할 수 없는 슬픔을 느낌… 저희들은 학교 당국이 내린 처사야말로 전 연세 구성원들의 보편적 견해를 무시한 독단적이고 편파적인 것이었다고… 이에 우리 기자들은 학교 당국이 배포 중지된 1297호 연세춘추를 지금이라도 정상적으로 배포할 것과 다시는 이러한 불행한 사태가 발생하지 않도록 최선의 노력을 다할 것을 아주 정중하게? 혹은 학생의 본분을 망각하고 촉구합니다."라는 입장을 밝히고 있다.

학교 당국이나 학생기자 측이나 무슨 탁구공 주고받듯이 사태의 정곡은 찌르지 않고 서로 간에 알 듯 모를 듯 변방만 찔러대는 상호공격 비방 논조를 견지하고 있다. 허나 이 점에 관한 한, 행간의 문의文意로 보아 서로 간에 엄청난 사태의 충격완화와 사태수습을 위한 일시적, 잠재적 휴전 제의의 완곡한 표현 같은 것도 감지되어 구태여 나무라기만 할 일은 못 된다는 생각이다. 사태 발생 원인의 본질적 규명과 대책 수립은 어디까지나 헌법적 질서하의 법치적, 공안적 처방에서 찾아져야 한다는 명제 앞에 우리는 서야 하는 것이 아닐까.

오죽했으면 김영삼 현직 대통령이 직접 연세대 난동현장을 방문했을까. 이게 과연 배움의 도상에 있는 순수한 학생들의 행위인가 의심할 정도로, 흡사 1948년의 '…폭동'이나 '…반란사건' 현장을, 아니 6·25 격전을 치룬 전쟁터를 방불케 하는 화염과 초연의 흔적만 자욱한 '화재로 불탄 종합강의동 보존 현장'을 목격했던 필자는 그런 중에도 사망학생 하나 나오지 않았던 사실만을 천만다행으로 생각하고 있다.

사태 발생 17년이 지난 시점에 필자는 이 문건들을 다시 펼쳐 보면서, 한때 운동권에 몸담았던 몸으로 사태 당시만 해도 오히려 민주화와 통일이라는 '대의명분?'에 사로잡혀 이 사태의 주최자들과 구호와 투쟁방식에 심파적 입장을 견지했던, 그리하여 당시 경찰청 발행의 『한총련의 실체』 같은 책자 내용의 관변적 편향성과 확대해석, 조작? 가능성까지 예단했던 필자도, 그 후의 한국사회에서의 '친북 좌경 용공세력'의 발호와 노골적인 체제위협적 난동사태 등에 접하면서, 결코 이 책자가 관변조작에 의한 과대포장형 '픽션'이 아닌 실체적 진실을 가감 없이 주워 담은 한국사회 좌경 용공활동의 종합적 해부서라는 확신 앞에 서게 되었음을 실토_{고백}하지 않을 수 없다.

PART 09

『完璧 日韓辭典』;
나의 일본어 학습의 8할은 이 사전에 의존하였다

『完璧 日韓辭典』. 朴成媛. 편저. 徽文出版社. 1966(초판).
1,507페이지. 12cm+14cm版型. 비닐커버, 책띠, 1,200원

あ

あ一[亜](접두) ①…의 버금. …의 다음 가는. 「一熱帶(ネッタイ); 아열대」 ②〈이〉무기산(無機酸)에서 산소가 한 분자(分子) 적은 것. 「一硫酸(リュウサン); 아황산」

あ[足](명)〈고〉발. 다리.

あ[吾](대)〈고〉나. 저. 자기(自己).

あ[亜](명)〈지〉①아시아(亜細亜)의 준말. ②아르헨티나(亜爾然丁)의 준말.

あ[阿](명)〈지〉아프리카(阿弗利加)의 준말.

あ[啞](명) 벙어리.　　　　a dumb person

あ[痾](명) 낫기 어려운 병.　　a chronic disease

ああ(부) 저렇게. 저처럼. 「一いう; 저렇게 말하다」

ああ[嗚呼](감) 무엇을 느끼고 내는 소리. 오호. 아아. (놀람, 슬픔, 기쁨, 한탄, 부름 등을 나타냄)　　oh

アーク[arc](명) 아아크. 호(弧). 활모양. ── **とう**[arc燈](명)〈이〉아아크등. 서로 맞선 두 개의 탄소 막대에 전류를 통하여 강한 흰 빛을 내게 하는 전등.

アーケード[arcade](명) 아아케이드. ①둥근 지붕이 있는 복도. ②상점가(商店街)의 길 위에 지붕처럼 씌운 것. 또는 그런 상가(商街).

〔アーケード②〕

アース[earth](명) 어어드. ①지구. 대지. ②〈이〉라디오의 수신기와 지면 사이에 전로(電路)를 만드는 장치. 접지(接地).

アーチ[arch](명) 아아치. ①〔건축에서〕문 등의 위쪽을 활 모양으로 쌓아 올린 것. ②나무 등의 뼈대를 소나무 가지 등으로 싸서 만든 문. 경축식, 운동회 때 앞문에 흔히 세움.

アーティスト[artist](명) 아아티스트. ①예술가. 미술가. ②책략가(策略家).

アート[art](명) 아아트. 예술. 미술. 기술. ── **ペーパー**[art paper](명) 아아트페이퍼. 아아트지(紙). 표면에 윤기가 있는 약간 두꺼운 인쇄 용지.

アーベント[도 Abend](명) ①저녁. ②밤에 열리는 모임. 「ベートーベンー; 베에토오벤의 밤」

アーメン[헤 amen](감·명) 아멘. 〔기독교에서〕기도의 뒤에 붙이는 말. 그 내용에 찬동한다는 뜻.

アーモンド[almond](명)〈식〉아아먼드. 〔편도(扁桃)〕씨는 약용, 식용. ②양과자에 쓰는 살구.

アーリアン じんしゅ[Aryan 人種](명) 아리안 인종. 인도 게르만족을 잘못 일컫는 말. 주로 유럽, 미국에 사는 백인종(白人種)의 호칭(呼稱).

アール[프 are](명) 아아르. 미터법에 의한 면적의 단위. 100 *m²*(약 30평). 기호는 *a*.

アーンドラン[earned run](명) 어언드런. 〔야구에서〕러너(走者)가 안타(安打), 희타(犠打), 사구(四球), 폭투(暴投) 등으로 점수를 얻는 일. 자책점(自責点).

あい一[相]アヒ(접두) ①서로. 더불어. 「一いましめる; 서로 주의를 주다」 ②어조(語調)를 고르고 강조하기 위하여 동사 위에 붙이는 말. 「一すみません; (대단히) 미안합니다」

あい[合い·間]アヒ(명) ①사이. 틈. ②←あい狂言(キョウゲン). ③←合服(アイフク).　　1. a gap

あい[愛](명) 사랑. ①애정. 동정. 「一の手(テ)をさしのべる; 사랑의 손길을 뻗치다」 ②이성애(異性愛). 「一をちかう; 사랑을 맹세하다」 ③〔기독교에서〕자비(悲慈). 하나님이 인류에게 행복을 주는 일. ④애호(愛好).　　1. love 2. tender passion

あい[藍]アヰ(명)〈식〉쪽. 마디풀과에 속하는 1년초. 잎에서 남빛 물감을 얻음. 「一色(イロ); 쪽빛(남빛)」　　an indigo-plant

アイ[eye](명) 아이. ①눈(眼). 「一バンク; 안구 은행(眼球銀行)」 ②관찰력(觀察力). 감식 안(鑑識眼). 「カメラー; 카메라를 사용하는 능력」

あい あい[藹藹](형동タル) 애애. 온화한 모양. (사람의 마음이) 부드러운 모양. 「和気(ワキ)一; 화기 애애」　　peaceful

あいあい がさ[相合い傘]アヒアヒ(명) 한 우산을 남녀가 같이 받는 일.　　under the same umbrella

あい いく[愛育](명·타サ) 사랑하여 기름. tender care

あい いれ ない[相容れない]アヒイレ―(연어·형) 서로 일치되지 않다. 서로 용납(容納)하지 않다. 「氷炭(ヒョウタン)一; 빙탄 불상용」　　contradictory

あい いん[合い印]アヒ―(명) 제인(契印). 할인(割印).　　a counter-stamp

゚あい いん[愛飲](명·타サ) 애음. 즐겨 마심.　　habitual drinking

あい うち[相打ち·相討ち·相撃ち]アヒ―(명·자サ) 동시에 서로 치거나 베거나 쏨. simultaneous beating

アイ エヌ エス[INS←International News Service](명) 아이엔에스. 국제적인 뉴우스 공급을 업으로 하는 미국 통신사의 약칭.

アイ エル オー[ILO←International Labour Organization](명) 아이엘오우. 국제 노동 기구의 약칭.

あい えん[合縁]アヒ―(명) 서로 잘 화합하는 인연. 「一奇縁(キエン); 합연 기연(서로의 화합은 모두 이상한 인연에 의하여 된다는 말)」　　karma-relation

あい えん[哀婉](명·형동ダ) 가련하고 예쁨.　　graceful in sorrow

あい えん[愛煙](명) 애연. 담배를 즐김. 「一家(カ)」

일주일에 한 번꼴로 들르는 신촌의 고서점 S책방에서 고서 냄새 물씬 풍기는 『完璧 日韓辭典』 한 권을 샀다. 지하매장으로 내려가는 계단 통로에, 가격 따지지 말고 떨이 기분으로 무조건 1,000원 균일가로 필요한 사람은 사가라는 식의 잡동사니 코너에 이 책이 눈에 띄길래 얼른 주워들어 판권지를 훑어보니 짐작한 대로 60년대 일한사전의 대명사처럼 불리던, 아니 일본어 학도에게는 일본어 학습 '육법전서'나 '성경'처럼 여겨지던, 박성원 편저의 『일한사전』 바로 그 책이었다.

직접 독서에 참고하겠다는 실용적 목적이나 수집목적50년의 때가 묻었으므로 고서취급?에서라기보다는 지난 시절에 대한 '추억의 반추'라 할까, 그런 심정으로 사들였던 것이다. 귀가하여 이리저리 쓸어보고 펴보고 책장을 넘겨보며 완상하는 중에 이 사전에 얽힌 50여 년 전의 추억이 고스란히 되살아 나왔다.

얼핏 보아 가로세로 정사각형 크기쯤으로 보이는실측해 보니 12cm+14cm,

사전류로는 좀 기묘한 판형으로아니 어찌 보면 좀 스마트해 보이기도 하는 이 책의 외형과는 달리, 좌우 2단 조판의 서적지 지면 1,507페이지에 깨알 같은 한한일영韓漢日英 4개 국어로 된 7포인트 활자가 수천 년 축적되어 온 인류문화의 압축된 표상어들을 '이로하가나다'순으로 담아놓고 있어 자못 신기?하다는 느낌을 안겨주기도 한다. 이것을 부풀리면 한 질 수십 권짜리 백과사전도 되고 거대한 도서관도 되겠다는 상상과 함께.

그런가 하면 제작자들은 또 장정에도 세심한 신경을 써서 표지 제자題字는 현대 한국 서예계의 국필國筆이신 소전素筌 손재형孫在馨 선생의 독특한 체의 '예서' 글씨를 돋움체로 새겨 넣었고, 뒷표지에는 한국 제일의 '일본통'으로 일본어와 일본문학을 모국어보다 더 잘 천착 구사하는, 수필가이자 일본문학가와 시인으로 우러르는 김소운金素雲 선생의 '추천의 말'을 싣고 있어 독자들로 하여금 이 사전에 대한 지적 신뢰감과 애정감을 돈독하게 해주고 있다는 느낌이다.

모든 것이 귀하고 아깝고 종이 한 장 쌀 한 줌의 가치가 수천금의 무게로 우리를 짓누르던 '없이 살던' 시절의 '원천적인 결핍과 총체적 고난'의 대학시절을 보내던 우리 전후세대들그중의 향학열에 불타던 한 외국어학도인 필자에게는 그래서 더욱이나 이 사전 한 권이 보배스러운 '학문갈이'의 쟁기일 수밖에 없었다는 추억이 찡하게 콧구멍을 울먹여 주는 것이다. 그런 충동심에 필자는 이 책을 보는 순간 보석반지 줍는 심정으로 얼른 집어 들었던 것이다.

이 책이 출간되던 1960년대 중반까지만 해도 우리 출판계의 외국어 관련 사전류의 발행 실적은 극히 미미한 초보 단계의 수준에 머물러 있었다. 그도 그럴 것이 피비린내 나는 전쟁을 치르고 휴전이 된 지 겨우 10여 년이 지난 시절, 생존고에 쫓기던 시절의 학계와 출판계는 그야말로 황토흙처럼 벌겋게 그 추한 모습을 드러낸 채 풀 한 포기 자라지 못하는 불모지였으니 말이다.

그런 중에서도 몇몇 선구적 연구가들은 문교 당국과 외국 학술지원 단체의 지원으로 학문같이 무기인 각종 사전류의 발간에 실적을 올리기 시작했으니, 예를 들면 영문학자 이양하李敭河; 1904~1964 교수가 예일대학 언어학부의 마틴 교수와 함께 편찬한 영한사전, 한영사전의 발간은 당시의 영어영문학계의 커다란 충격이요 희망이요, 경사로 받아들여질 정도였다. 어디 그것이 영어영문학계에만 공헌했던 일인가.

1950~60년대의 모든 학문이이공계이고 의약계이고 문화예술계이고 간에 영어 해독력 없이는 외국의 선진사조나 문물의 수입이란 꿈도 꿀 수 없었으니 위에 말한 『영한사전』 한 권의 발간이야말로 모든 학문 연구와 외국의 선진문물 수입의 주무기 공급원일 수밖에. 그러한 정황은 이 『일한사전』 편찬, 발행의 경우에도 마찬가지였다. 필자가 다니던 한국외국어대학필자의 전공은 일본어는 아니었지만의 일본어과 과장이었던 '인자한 어머니' 타입의 40대 중반의 '주부'교수 박성원 교수가 편찬한 『일한사전』의 1960년대 중반의 출판사적 의의 역시 위에 예시한 이양하 교수의 『영한사전』 편찬의 경우와 궤를 같이한다고 필자는 보는 것이다.

해방 20년이 경과한 1960년대 중반까지도 우리 학계와 문화예술계 전반에 걸친 선진 외국문물 수입의 또 하나의 주된 통로는 일본어로, 이는 일본인들 축적의 일본+구미 선진 학문 기술의 '베껴먹기' 수법에 어쩔 수 없이 의존해야 하는 비참한 환경에 놓여 있었기 때문이다. 일본어에 의한 '二重譯'의 비도덕적 편의성까지도 일정 기간과 수준에 걸쳐 눈감아 줄 수밖에 없었던 우리의 척박한극악했던 학문 문화예술 환경과 토양. 우리의 국력을 탓할지언정 누구에게 돌팔매를 던질 수 있었으랴. 누워서 침 뱉기 식의 추한 꼬락서니를 보이지 않으려고 감추고 싸매고 가리고 해야 했던 시절. 이러한 과도기적 시절의『일한사전』의 역할은 그런 의미에서 단단한 한몫을 할 수밖에. 그래서 이『일한사전』은 각계각층 노유남녀의 일본어 학습자들로부터 쌍수를 들어 환영을 받을 수밖에 없었던 것이 아닌가.

해방 후 가장 고도한 학문적 수준과 정연한 사전체계를 갖추었다는, 그리고 편저자가 동경여자대학 일문과 출신의 한국외국어대학 일본어과 과장이라는 보증수표적 신뢰감으로 뒷받침된 이『일한사전』. 이『일한사전』의 출현이야말로, 그 무렵 지식인 대학생들의 독서욕구와 지적 호기심에 대응하여 제작되고 월부판매 형식의 보급망을 통해 공급된 호화장정본의 창작 번역물 전집류들, 이를테면『셰익스피어전집』,『서머셋 모옴전집』,『○○○문학전집』이나, 김은국의『순교자』,『빼앗긴 이름』, 펄벅의『흔들리는 갈대』등의 주제와 소재면에서 신선한 장편소설들과 함께 우리 출판계에 새로운 기대와 희망을 안겨주는 하나의 '특출한 사건' 쯤으로 인식, 회자되었던 사실을 필자는 기억하고 있다.

필자는 대학시절 어렵사리 구입한 이 한 권의『일한사전』을 신주단지같이 모시고 아껴가며침이라도 묻을까 조심해 가며 한 장 한 장 페이지를 넘기며 단어 하나하나의 의미를 익혀가며 전공 아닌 일본어 공부에 몰두하기 시작했다.

그렇게 해서 독습으로 오로지 이『일한사전』한 권에 의존하여훨씬 훗날
에는 더 체계적이고 예문과 많은 부록을 갖춘 신판 일한사전들이 속속 출간되어 나왔지만
일본어 공부를 시작한 지 50여 년에 이른 필자는 그런대로 일본어 번역
소설 2권과『일본을 움직인 사건과 인물』,『에도시대풍물기』등의 졸저를
세상에 내놓는 부끄럽기 짝이 없는 한 사람의 우졸하고 미천한 '일본학
도'에 이르고 말았다. 오늘에 와서 돌이켜 보면 필자의 50여 년 간의 일
본 연구, 학습의 공덕은 8할이 이『일한사전』덕이었다고 고백하고 싶다.

처음에 간단한 일본어 문법책을 한 권 떼고 난 뒤 필자는 바로 일본
어 원전소설 읽기에 들어갔는데, 첫 텍스트는 대중소설가 겐지 게이따이
源氏鷄太; 1912 ~1985의 장·단편 세태애정소설이었던 것으로 기억한다.
그렇게 시작한 일본어 자가독습→일본문학서 원전 읽기→ 일본사 민
속 고전문학 중근세문학 종교 신도 전쟁사 등 문사철文史哲 제 분야에
걸친 방대한 양의 '일본학' 서적 읽기에 흠뻑 빠져든 필자는 당연한 수
순으로『大辭林』,『廣辭苑』『廣辭林』등의 권당 3,000여 페이지에 이르
는 대형 자전字[辭]典류 참고서까지 갖추게 되었는데, 40여 년의 불철주
야? 계속된 일본학 서적 독파 과정에서, 3권의『廣辭林혹은『廣辭苑』』과
『일한사전훨씬 후에 나온 손낙범 편저본을 포함하여』5권을 닳아 문드러지게 한
'위편삼절韋編三絶'의 '내공'을 쌓기에 이르렀다. 그도 그럴 수밖에 없는
것이 일본어의 8할이보통명사 고유명사 동사 형용사 부사에 걸친 모든 품사 까다롭
고 어려운 불규칙형이고 보니, 단어 하나 놓고 그 의미와 발음규칙을
찾아 익히는 데 수십 페이지를 수십 번 넘게 넘길 수밖에. 그 결과 책장
과 본문 페이지들이 너덜너덜 부풀어 오르고 마는 '위편삼절'의 최후
를 맞이할 수밖에.

새 사전이 4년만에 헐고 헐어서….

옛 성현, 석학들의 독서력을 보니 위편삼절 하면 도통하여 '朝聞道
夕可死'의 경지에 이르렀다 하는데 필자는 위편삼절 해도 '일본어와
일본사는 갈수록 어렵게만 여겨지는' 경지를 한 치도 못 벗어남을 통
감할 뿐이다.

機首를 北으로
〈KNA 拉北秘話〉

著者近影

PART 10

『機首를 北으로』;

KNA 拉北秘話

俞鳳淳 著

機首를 北으로

〈KNA 拉北秘話〉

俞鳳淳, 著. 韓國政經社, 1968.1.10(4版).220p

韓國政經社 發行

著者近影

著者略歷

一、慶南 陜川郡 胎生　　當 四八歲

一、國立 警察專門學校 卒業

一、建國大學 法政學部 法律學科 卒業

一、一線警察 幹部

一、初代 民選 居昌 邑長 被選

一、第三代 民議院 議員

一、第四代 民議院 議員

一、市・邑・面長 懲戒委員會 委員

一、寄付金品 募集 審議委員會 委員

俞鳳淳의원의 초상사진과 약연보

북한은 김일성 정권 수립 이후 수많은 민간인의 납치 살상과 어선 민간선박 해외 거주 동포 유학생의 납치 등, 국내외를 불문한 불법 만행을 자행해 왔으나, 그중에서도 세계인들의 이목을 끌고 심대한 국제적 충격을 안겨준 초대형 납치사건은 1970년의 미 해군 정보수집함 푸에블로호 납치사건과 1958년 2월 16일의 KNA 민간항공기 납북사건일 것이다.

　푸에블로호 사건은 '적대국가'인 미국 해군 정보수집함의 북한 영해 침범이라는 일견 그럴싸한 납치 이유가 제시되고 그것이 오랜 기간의 귀환협상 과정에서의 상호다툼의 지렛대 역할을 하는 성격의 것이기도 했지만, KNA 납북사건은 고의적이고 치밀한 사전계획과 무장괴한의 살인적 인명살상 방법에 의한 민간항공기 공중납치 사건으로, 명백한 국제법 위반사건임은 물론이요, 인도적으로도 용납할 수 없는 만행이요 무장 테러행위임은 말할 필요도 없었다.

　우리나라 유일의 민간항공기 회사였던 KNA 소속 여객기 '滄浪號'가

5명의 북한 무장간첩들의 손에 의해 1958년 2월 16일 12시경 평양 순안공항으로 강제 납치된 사건은, 그 후 17일 만인 1958년 3월 5일, 온 국민들의 열화 같은 사생결단의 납치만행 규탄과 학생들의 끊임없는 시위와 궐기대회, 그리고 국제여론에의 호소와 우방국들특히 미국과 서독에 의한 외교적 압력이 주효하여 생존자들은 판문점을 통해 전원 무사 귀환하였으나, 6·25동란 후의 폐허 속의 어려운 여건 속에 만난을 극복하고 민간항공 사업을 개척한 사장 신용욱 의원당시 전북 고창 출신 민의원의원은 비행기 강제 납치로 인한 채무와 심적 충격으로 후일 스스로 목숨을 끊고 마는 비극의 주인공이 되고 만다.

판문점을 거쳐 송환되어 온 유봉순 의원(왼쪽 세번째)과 공군 정훈감 김기완 대령(성 김 전 주한미국대사의 부친)

이 수기는 납북인사 중의 한 사람이었던 당시 자유당 소속 경남 합천 출신의 3대 민의원 의원 유봉순 의원이 납치 이후 17일 만의 귀환 시까지 몸소 겪고 시달렸던 구사일생의 생존, 생환 기록을 담은 인간 승리의 '고뇌와 환희와 감격'에 찬 장대한 스펙터클 다큐멘터리이다.

3대 국회 임기 말을 앞둔 휴회기간 중, 경남도청을 상대로 한 지역구 민원활동을 마치고 2월 16일 오전 10시 부산 수영공항을 통한 귀경길에 올랐던 저자 유봉순 의원은 창랑호가 오산 상공쯤에 있을 때 사전에 계획 탑승한 무장간첩 5명에 의한 위협 납치극의 전모를 눈앞에서 직접 목격하는데, 그의 목격담에 의하면, 납치극의 실행인인 간첩 5명 쇠뭉치를 든 사나이, 칼빈총을 겨눈 사나이, 엽총을 든 27세의 괴한, 수류탄으로 위협하는 17세 정도의 소년, 권총으로 위협하는 30세 전후의 괴한은 먼저 육군 장교 2명의 머리를 쇠뭉치로 가격하여 유혈 낭자하게 실신시킨 후 탑승 민간인들을 소지한 총기와 수류탄으로 위협 회유하는저항하지 않고 순순히 따르면 목숨을 보장해 준다는 등 한편, 조종실 문을 총으로 쏘아 강제로 열어젖힌 다음 미국인 조종사 일행에게 "기수를 북으로 돌려라, 평양으로 가자, 불응하면 죽인다"고 협박하여 기체를 순안비행장평양 인근 8~90리으로 예인 착륙시킨 것이다.

저자는 납치 당시의 비행기 안의 숨 막히는 공포상황 속에서 전신의 곤두선 감각의 문을 열어 눈으로 분명히 보고 귀로 듣고 피부로 느꼈던 납치극의 생생한 모습들을 한 컷 한 컷 생생하게 그려내고 있는데, 손에 땀을 쥐게 하는 장면묘사들이야말로, 저자의 전반부 인생을 몸 바쳐 반공전선에서 일해 온 경찰 간부 경력자로서의 기지에 찬 예리한 순간적 상황 판단력과 민완 경찰 간부로서의 오래 몸에 밴 상황전개

예측, 판단, 분석의 날카로운 후각에 힘입은 바 아닌가 하는 감탄을 자아내게 한다.

이 수기의 전반부가 납치상황의 실재감과 현장감을 완벽하게 재현하여 본서의 백미를 이루고 있다면, 후반부는 북한 억류 17일간에 겪었던 '피납인사'로서의 자의지 상실 상태자로서의 일방적으로 강요받은 '북한 체류, 관광, 회유공작의 일상'으로 점철된 17일간의 체류수기이다.

그런 중에서도, 특히 돋보이는 부분은, 저자의 '남조선 국회의원'이라는 특수신분과 고급 경찰간부 출신 경력이 저들의 정보망의 그물에 세세히 포착되고, 또 그러한 사실에 근거한, 협박 공갈에 의한 북한의 정권과 사회의 찬양짧은 체재기간 중의 의도된 가식(假飾)관광에 대한 소감으로서의, 북한정권에의 전향, 제시된 원고에 의한 대남 선무방송의 강요에도 굴하지 않고, 저자가 죽음을 각오한 거부투쟁으로 맞서는 등 대한민국 국회의원으로서의 '의젓하고 당당한' 공인의 자세와 긍지를 지켜냈다는 일련의 대목이다.

이 수기가 그간 수많이 발간되어 나온 월남 귀순 군인, 지식인, 신문기자, 민간인들의 수기류와 다른 특이한 감동을 안겨주는 이유는, 저자가 여타의 귀순, 귀환자들보다 저들 공작 당국자들에게 '인질 효과가 몇 배나 컸을' '대어'임에도 불구하고 그들의 강요된 협박과 전향 유혹을 꿋꿋이 이겨냈다는 점에 있다.

그래서 그랬는지? 저자는 2개월 후에 치러진 제4대 민의원의원 총선거에서 거뜬히 재선되어 또 다시 금배지를 다는 영광을 누리게 된다.

PART 11

『太平洋戰爭名畵集』

『太平洋戰爭名畫集』東京, 노벨書房. 1967(初版). 191p. 27cm+36cm. 하드커버(쟈켓).

（1）日中戰爭時부터 전쟁기록화 본격적 제작

　　전쟁기록화의 역사적 상한을, 1937년의 제1회 신문전新文展에 출품되어 제작의도나 예술성에 관해 찬부 양론의 논쟁을 불러일으킨 아사이깡우에몽朝井閑右衛門의 〈通州의 救援〉에까지 소급시킬 수 있다고 미술평론가 야나기 료柳亮; 1903~1983는 말하고 있다. 이 작품은 1937년 중일전쟁 발발 초기에 중국에서 일어난 중국 병사의 일본인 부락 습격사건을 테마로 하여, 군의 위촉이 아닌 화가의 자유로운 창작의지로 제작된 드라마틱한 구도의 대형 전쟁화로 일반공모전에 출품되었던 것인데, 기록화라기보다는 순수 예술작품 계열에 속하나 짙은 시국적 내용을 담고 있어 선고選考과정에서 평자들 사이에 약간의 논쟁이 있었다는 것이다.

　　이처럼 '日支事變중일전쟁' 초기, 전장戰場 개인방문 화가에 의한 개인적 예술활동 차원에 머무르고 있던 산발적 전쟁화 제작의 수준과 규모가 전쟁의 악화에 의한 전장의 확대로 상해사변 이후 중지中支방면군의 육군보도부가 격전의 전적을 기록화로 남기고자 일군一群의 유력화가들을 초청하여 1938년부터 전쟁기록화를 본격적으로 그리게 하는 단계에까지 이른다. 이들은 현지에서 '육군종군미술가협회'를 조직하고 그것을 다시 '육군미술가협회'로 확대·개편시켜 전쟁기록화 제작을 총괄하게 되는데, 1939년 말에는 중국대륙의 전선을 뛰어 돌아다닌 종군화가의 수도 200여 명으로 증가하고 또 그해 말에는 일중사변 주제의 기록화 300여 점을 모아 제1회 '聖戰美術展'을 열기에 이른다.

전쟁이 태평양전쟁기로 넘어간 1941년 이후에는 군의 이동작전에 수반하여 중국전선에 머무르던 종군화가들도 불인(仏印: 프랑스領 인도차이나; 베트남, 캄보디아, 라오스 3국)으로, 버마로, 말레이로, 필리핀 인도네시아로 — 문자 그대로 태평양 전역으로 흩어져 간다. 그로부터 종전까지의 3년간은, 일본화단의 활동은 오로지 전쟁기록화 제작에 집중, 그때까지는 각지 파견군의 개별적 주문하에 산발적으로 연고작가에게 위촉되었던 기록화 제작이 '대동아전쟁 작전기록화 제작'이라는 명목을 붙인 군 보도부의 야심적인 기획으로 집약 통일되어 강력히 추진되어 간다.

그러한 기획의 일환으로 진주만기습 다음해인 1942년에는 아사히신문 주최로 육해군성으로부터 대여받은 작전기록화를 중심으로 '大東亞戰美術展'이라 제하는 전쟁미술전람회가 도쿄도(東京都)미술관에서 개최되어 많은 감명을 불러일으켰는데, 전람회 개최 목적이 전후방 군 관민의 '戰意高揚'에 있었음은 물론이다. 또 1943년에 열린 아사히신문사 주최의 제2회 '대동아전미술전'에서는 전시장에 특별실을 마련, 후지다 쓰구하루(藤田嗣治; 1886~1968; 양화; 동경미술학교 졸업)의 〈천황폐하 伊勢神宮 참배도〉, 미야모토 사부로(宮本三郎; 1905~1974; 양화; 川端畫學校 졸업)의

〈大本營親臨大元帥폐하〉, 고이소 료헤이小磯良平; 1903~1988; 양화의 〈황
후폐하 육군병원 행차도〉 3점과 해군작전 기록화 20점을 특별진열하
여 관람객들의 인기를 불러 모았다. 그러나 전세의 불리와 함께 기록
화 제작 의욕과 실적도 점차 쇠퇴의 길로 접어드는 가운데, 마침내 종
전을 맞이하는 것이다.

(2) 미 공군박물관에서 다시 찾아낸 전쟁기록화들

그런데 종전을 맞이한 일본화단에서 상당기간 이 기록화들의 존재
와 행방이 묘연해지는 상황이 벌어지고 만다. 그도 그럴 수밖에 없는
것이 종전 전후의 격심한 폭격과 전화戰禍로 기관-개인 소장의 기록화
작품들이 소진되거나 파손되기도 하고, 대피-은닉 과정에서 망실되기
도 했을 터인데, 이에 곁들여 혹시라도 전쟁기록화 제작 참여로 인한
'전쟁협력, 부역   전쟁범죄자' 혐의와 지탄을 두려워한 제작화가나 가
족 친지들, 그리고 이에 영향을 받아 비평활동이 위축되고 소침해질
수밖에 없었던 평단과 언론계 인사들이 전쟁기록화와 관련된 언급을
주저하거나 기피하는 등의 사회 분위기 속에서 매스컴과 화단 그리고
일반 세인들의 관심권으로부터 망각될 수밖에 없었을 것이다. 이것이
1947~48년경의 기록화와 관련된 일본 문화예술계의 총대체적 분위기
였다.
이렇게 망각과 동면 속에 잠자고 묻혀 있던 기록화에 대한 관심이

되살아나고 또 그 적극적인 소재추적 활동이 시작된 것은 대체로 샌프란시스코 강화조약 발효로 일본의 대외적 주권이 회복된 이후의 시점으로, 일부 관심있는 일본인 활동가에 의한 수년간에 걸친 수십 회의 소재파악 문의전화나 편지가 미국의 펜타곤 등에 쇄도하였고, 그러는 중에 이 기록화들이 미 점령군 당국에 의해 접수되어 미국에 이송 보관되어 있다는 사실이 밝혀지게 되었다. 또, 전시에 일본의 육해군 당국과 협력하여 전의앙양을 위해 전지에 민간인 문화보국대 차원의 종군화가들을 파견하고 '성전미술전' '대동아전쟁미술전' 등을 기획하고 개최했던 신문사 기획부 중심 인사들에 의해 그 소재의 구체적 추적과 반환운동까지 일어났던 것이다.

미 국방성의 기록에 의하면, 태평양전쟁을 포함한 제2차 세계대전 종료 후 미군에 의해 수집된 미술품은 총 10,677점인데, 이들 미술품을 제작한 나라들은 미국, 독일, 이태리, 오스트레일리아, 뉴질랜드 등이고 그중 일본으로부터 접수된 것은 158점이다. 이 일본 미술품들은 미국 오하이오주 훼아본 소재 미 공군박물관과 공군 창고에, 그리고 버지니아주 리치몬드의 미 국방성 특별군수물자 창고에 분산 보관되어 있었는데, 포토 저널리스트인 나까가와 이치로中川市郞씨가 미군 당국자와의 끈질긴 교섭 끝에 전후 2회에 걸쳐 그중 92점을 취재-촬영해 오기에 이르고 이 작품들을 기초로 1967년에 100점의 전쟁기록화가 실린 『太平洋戰爭名畵集』이라는 제목하의 표제서表題書를 펴내게 되는 것이다.

158점의 내역을 보면, 각 군부 관계 기관에의 대출 게시분이 10점, 국방성 최고 수뇌부의 개인 사무실과 백악관-의회에의 대출 게시분이

7점, 목록에만 있고 소재불명인 것이 40점, 나머지 10점 중 파손이 심한 9점은 촬영이 불가능했다는 것이다.

(3) 東京美術學校 출신 화가만도 21명이나 포함된
57명의 유명화가들 전쟁기록화 제작에 참여

군 보도부가 종군화가들에게 기대했던 목적이, 전쟁기록화를 통한 일억—億 일본 군관민 전체의 필승불패의 전의고양을 통한 신국神國 일본의 국체호지에 있었음은 물론이지만, 화가들이 전쟁의 산 증인이 되게 하고 그들의 체험과 '기술'을 통하여 전쟁의 기록들을 영구히 형상화시켜 두려는 목적도 있었음은 물론이다.

따라서 문부성이나 육해군성의 요청에 의해 그려진 것이든, 자발적 창작의지로 그린 것이든, 전쟁화는 전의고양을 위한 내용이 담겨져 있어야 함은 물론이었고 조금이라도 전의를 상실케 하는 화의畵意가 담겨 있다고 여겨지는 작품은 기피당하기 일쑤였다. 그럼에도 전쟁화 제작을 강요당한 대부분의 화가들이 내심 만족스런 심정으로 작업에 임하지 않았을지도 모르지만, 그들도 예술가인 이상 일단 붓을 든 이상은 문자 그대로 진지한 제작 노력을 기울였지 않았겠는가 하는 생각도 필자에게는 든다.

이 화집에 수록된 기록화 제작 화가들은 일본화가 15명, 양화가 41명, 공예-도안가 1명으로 총 57명인데, 최다 제작화가는 고이소 료헤이

小磯良平; 1903~1988로 6점을 그렸다. 그는 동경미술학교 출신 양화가로 제7회~13회 제전帝展 특선, 살롱 도돈느 출품 등의 경력을 지니고 있는 일본 서양화단의 중진으로 1954년에는 동경예술대학 교수가 되는데, 종군 경력 횟수도 다양하여 중지中支전선1938년, 북지北支전선1940년, 자바전선1942년을 사방팔방 종횡으로 누비고 다녔으며, 이 전쟁기록화 작품으로 아사히문화상1940년과 제국예술원상1941년을 수상한다.

동원된 화가들은 일본화단의 일류 대가급 화가들도 많은데, 엘리트 중의 엘리트 코스로 불리는 동경미술학교 출신자들도 21명이나 참여하였으며, 태평양미술학교 교장1937년인 서양화가 이시카와 도라지石川寅治; 1875~1964같은 거물급 양화가를 비롯하여 명문 가와바타川端-태평양 미술학교 출신자들도 많이 참여하였다. 유일한 도안가 출신 제작화가는 다까다 쇼지로高田正二郞; 1913~1987인데, 그는 동경미술학교 공예과 도안부 출신의 디자이너로, 육군 파견화가 신분으로 버마전선에 종군, 〈버마진공작전개시전차대〉 등의 기록화를 제작하였다.

이들은 전시 중의 국가총동원 체제하의 강제징발?에 저항 한 번 하지 못하고 '토끼몰이' 당하듯 종군대열에 끌려 들어가 '기록화 제작 전투' 임무를 수행하였을 터인데, 상당수 인사들은 종전 후 한때 전쟁협력자로 지목되어 화단과 강단으로부터 일시 추방당하기도 하였으나 얼마 안 있어 예술원 회원이나 유명 미술대학 교수가 되는 등 전후 일본 미술계의 지도급 인사가 되어 물심양면의 명예회복 기회를 갖게 된다. 조선인 화가나 미술학교 출신자가 혹시나 한 명이라도 동원되지 않았을까 하고 필자가 유심히 찾아보았으나 한 사람도 없어 다행이었다는 생각이다.

(4) 전쟁기록화에 얽힌 추억들

이들 동원화가들은 육해군의 위촉화가민간인 신분로서, 혹은 각 군의 보도반원현역군인 신분의 신분으로서, 혹은 신문사 문화예술단체 파견의 전선취재 종군예술인 신분민간인 종군단체 소속 문인, 화가, 극작가, 음악가, 연극인 등자로서, 국민의 전의 앙양 · 고취와 기록화 제작 목적으로 때로는 총탄이 쏟아지는 최전선의 전투살육 현장에까지 뛰어들었던 것인데, 목숨을 담보한 위험천만의 종군 행각이었음에도 불구하고 때로는 낭만적 추억의 '외국여행과 풍물관광 역사기행 세계문화유적 탐방' 등의 특혜적? 수혜를 받는다.

이들은 최일선의 전투현장에 직접 나가 실제 체험과 현지견학을 통해 스케치한 밑그림과 군으로부터 제공받은 보도반원들의 취재수첩이나 미술병美術兵들의 스케치북 등의 간접 전투자료를 근거로, 전투중인 격전의 양상이 이러이러했을 것이라고 상상 혹은 회상하며 기록화를 그려냈던 것이다. 이들은 재미있는 전장戰場 추억담과 기록화 제작 관련 일화를 많이 가지고 있을 터인데, 그중 대표적인 사례 두 가지만을 예시해 보면 다음과 같다.

---

* 이하라 우사부로伊原宇三郎; 1894~1976는 동경미술학교 출신의 서양화가로 종전 후 동경미술학교 교수와 일본미술가연맹 초대 위원장 자리에 앉는 거물급 화가인데 1938년 봄 처음으로 육군성의 위촉을 받고 북지北支에 파견되었던 경위를 이렇게 설명하고 있다. 그는 마침 조선

총독부 주관의 전람회 출품작 심사차 경성京城에 머물고 있었는데, 육군성의 위촉을 받고 그길로 만주를 거쳐 북경에 들어가고 이어서 석가장石家莊·태원太原·산서山西의 백병전 전투현장까지 누비고 다니며 기록화를 제작했다고 한다. 또 다음 해인 1939년에는 중지에 갔는데, 이번에는 군부의 위촉으로 간 것이 아니고 기꾸찌 깡菊池寬; 1888~1948이 《東都日報후의 每日新聞》에 집필중인 군신軍神 서주西住전차대장 관련 연재물에 그릴 삽화 제작을 위한 전적戰跡 조사차 신문사 파견 형식으로 간 것으로, 상해 남경 등의 점령 지구로 돌아다니며 기록화를 그렸다고 회상하고 있다.

그 후로도 그는 대만 홍콩 하노이 사이공 버마에, 또 랑군 자바에까지 돌아다니며 기록화를 그리고 있다. 그가 이때 체험한 에피소드 한 토막이 있다. 그는 1943년, 항복시의 '사까이酒井사령관과 양그 총독의 회견' 장면을 기록화로 그리기 위해 홍콩에 파견되었는데, 회견이 끝난 회의실에는 밑그림의 소재가 될 만한 아무런 흔적도 남아있지 않으므로, 항복한 양그 총독과 모르토비 장군이 수용되어 있는 포로수용소에 3일간 다니면서 이들의 모습을 사생했다는 것. 항복 회견 시 모르토비 장군은 고분고분 순종을 한 반면 총독은 극히 오만불손한 태도를 보였다고 들었는데, 수용소에서는 두 사람 모두 쾌히 포즈를 취해 주었다는 것. 또 이하라 화백이 초콜릿을 살짝 건네주니 몹시 기뻐하였으며, 총독은 '내일 다시 올 때는' 소독용 약용비누를 사다 달라는 부탁을 하더라는 것이다.

  • 일본화가인 이와다 센타로岩田專太郎; 1901~1974는 1944년 12월 중순,

'신풍神風특공대 내지內地;일본 본토 출발' 기록화 제작을 군보도부로부터 위촉받고 동경 근교의 타치가와立川비행장으로 가서 대원들과 동식, 동숙하면서 등화관제하의 불편한 제작여건 속에서 한 사람 한 사람 병사들의 초상을 스케치해 나가고 있는 도중, 갑작스런 공습경보 사이렌 소리에 붓을 내팽개치고 대피하기 수십 차례였다는 것. 출발을 앞둔 대원들의 촉박한 일정관계상, 늠름한 대원들의 비행복 차림의 스케치가 불가능하므로 사진을 참고하거나 타 비행대 소속 대원들을 모델로 빌려 스케치하거나, 지인에게 부탁하여 국민복 차림의 전송인의 모습을 그려달라고 하는 등, 일종의 '合成畵' 비슷한 200호짜리 그림의 밑그림 자료를 준비했다는 것. 그것까지도 좋은데, 급작스런 밑그림 준비작업으로 무리를 한 탓인지 그는 심한 감기에 걸리기도 여러 차례, 공습경보로 축축하고 퀴퀴한 방공호에 오래 머물러야 했던 탓인지 감기가 덮쳐 고열로 쓰러지기까지 했다는 것. 속담에 '사람 잡을 일 따로 없다.'더니 바로 그 격이 되고 만 것이다. 그러함에도 군보도부 기획의 기록화 전시회 날짜가 임박하였으므로 고열을 무릅쓰고 무리를 하여 제작을 강행하였는데, 자신의 그림은 일본화였으므로 유화와 달리 장지화 네 장 크기의 200호의 대형 화선지를 혼자서 바닥에 눕혀놓고 그려야 하므로 이리저리 옮겨가며 그리는 데 몹시 애를 먹었다는 것. 기일은 촉박하여 마음은 조급하고, 더구나 작은 체구에 섬약한 체질의 화가에게는 장지화 4장 크기의 대형화 제작은 너무 힘들었다는 것이다.

(5) 다시 보고 싶은 대표적 기록화 20점

　본 화집에 수록된 100점의 기록화 중, 종전 70년이 다 된 오늘의 시점에서 '다시 보고 싶은 기록화' 20점을 엄선, 원색화보로 실어 독자들의 전반부 4개 소제목의 해설문 읽기에 보조자료로 삼고자 한다. 전투 장면은 '신나지만' 너무 흔한 소재인데다 또다시 '끔찍스러운' 악몽의 소재 거리가 될 수도 있다는 노파심에서 되도록 피하고, 주로 전투상황 주변부의 약간 '문민적·회고적·낭만적' 냄새를 풍기는 비전투적 이미지의 화재畵材 거리에 속할만한 것 20점을 골라 해설을 곁들여 실어 본다.

* 〈홍콩에서의 사카이(酒井)사령관과 양그 총독과의 회견도〉(伊原宇三郎:油彩);
홍콩 공략부대인 사카이 다카시(酒井隆)사령관 휘하의 제23군은 1941년 12월 8
일, 진주만 기습과 때맞추어 공격을 개시, 구룡반도를 점령하고 18일 제38사단이
홍콩에 상륙한다. 개전 18일째인 12월 25일, 양그 총독과 모르토비 소장은 더 이
상 방어전투가 불가능하다고 판단, 항복을 제의하고 나온다. 12일, 17일의 두 차례
의 항복 권고를 거부한 총독이었으나 진공해 온 일본군에 더 이상 저항을 할 수
없었기 때문이다. 오후 5시 20분, 총독과 모르토비 소장은 페닌슐로 호텔 3층의
회견실로 안내되었다. 사카이 사령관이 기다리고 있는 회견실은 전기가 들어오지
않아 촛불을 켜놓고 있었는데, 취재기자들이 들이대는 카메라를 향해 양그 총독
은 "그만둬! 그만둬!" 하고 큰소리로 외쳤다고 한다.(화보 제28畵)

* 〈홍콩에서의 사카이 사령관과 양그 총독과의 회견도〉의 밑그림(伊原宇三郞 화백의 스케치북에서; 67페이지 소재)

＊〈웨이크(Wake)島 공략전〉; ‘사격중지’를 외치는 미군 포로들(松坂康;油彩); 웨
이크도는 미국 본토와 필리핀을 잇는 항공로의 중계지점으로 서태평양상의 미군
의 중요 군사기지이다. 1941년 12월 11일 제1차 웨이크도 상륙작전을 감행한 일본
군은 수차례의 공방 끝에 12월 23일 마침내 동해안의 파콕 포대를 탈취하여 섬
을 완전 점령한다. 무수한 희생자를 내고 격심한 피해를 입었음은 물론이다. 일본
군의 사상자는 599명에 달하였다 한다. 무장해제 당한 미군 병사들이 트럭에 올
라타고 급조한 백기를 흔들어대며 “사격중지! 쏘지 마!”를 연호하며, 함께 포로
가 된 커닝검 사령관과 막료들 앞을 트럭으로 호송되어 가는 장면을 그린 기록화
이다. 마쓰사카 야스시(松坂康;1905〜?)는 아오야마학원(靑山學院) 영문과 출신
으로 아오야마 꾸마지(靑山熊治;1886〜1932)화백에게 사사한 양화가(洋畫家)이
다.(畵報 제30畵)

* 〈야마시다(山下奉文)-파시발 양 사령관 회견도〉; 미야모토 사부로(宮本三郎; 油彩); 1942년 2월 15일 '동양의 지브랄탈'로 불리우던 싱가폴이 일본군에 함락당한다. 이때 3개월간의 농성과 저항을 예정하고 있던 싱가폴 시내는 식량은 충분하였으나 수도시설과 저수지의 파괴로 24시간분의 물밖에 남아있지 않았고, 영국군의 포탄과 가솔린도 바닥이 나가고 있었다. 최후를 예상한 영국군은 방송국 설비를 파괴하는 한편, 500만 달러의 보유지폐를 소각하고 시내의 주요 양주회사가 보유하고 있는 150만 병의 양주와 6만 갤런의 중국 술도 폐기처분하였다. 3개 방면으로부터 공격해 들어오는 일본군에의 항복이나 퇴각을 각오한 파각(破却)이었다. 더 이상 버틸 수 없었던 영국군의 파시발 장군은 지휘관 회의 끝에 항복을 결정, 암호 비밀문서 병기 등을 파손하면서 백기를 든 항복 특사를 일본군 5사단에 파견하기에 이른다. 항복의 구체적 절차를 마무리 짓기 위한 야마시다-파시발 양 사령관 간의 '담판회견'은 이날 밤 시내의 포드자동차 공장의 한 회의실에서 진행되었다. 이 자리에서 파시발 장군은 정식으로 항복 선언을 하는데, 야마시다 장군의 항복을 촉구하는, 세계사에 오래 남을 그 유명한 '예스까? 노-까?'라는 협박성 고함 소리가 회의실 문밖에까지 쩌렁거렸다 한다. 이 기록화는 후일 화가가 실제로 야마시다 장군과 수용소의 파시발 장군을 만나 스케치한 밑그림을 토대로 하여 그려진 것이다. 이때의 '승전군' 사령관 야마시다 도모유끼(1885~1946) 육군대장은 그 후 필리핀전투를 지휘하다가 종전을 맞아 마닐라에서 '패전군' 사령관의 전범자 신분으로 처형당하는 운명을 맞이한다. 이때 야마시다 장군은 이 '예스까? 노-까?'라는 명언 외에 또 한 마디의 군인다운 최후의 명언을 남기는데, 포로학대의 책임을 추궁하는 질문에 "나는 밑에서 하는 일이라서 몰랐다. 그러나 나에게 책임이 없다고는 할 수 없다."라는 솔직하고 군인다운 진실고백을 했던 것이다. 이 '예스까? 노-까?'(항복할래? 안 할래?)라는 협박성 위하(威嚇)문구는 종전 후 오랜 세월 동안, 전쟁 체험을 함께했던 한일 양국의 '태평양전쟁 체험 세대'들 사이에 항복이나 양보를 권유하는 반농담조의 일상적 언어유희 문구로 회자되었음을 상기시켜 둔다.(畫報 제33畫)

* 〈말레이반도에서의 架橋 작업〉(淸水登之; 油彩); 일본군은 진주만 공격과 동시에 시작된 말레이 진공작전의 기조정신을 기습과 돌진에 두었다. 앞으로 전개될 남방작전에서 장비와 병력 양면에서 가장 힘겨운 전투가 예상되는 상대가 말레이 방어 영국군이고, 또 말레이작전의 성공 여부가 전 남방작전에 미칠 영향이 클 것으로 판단. 하루라도 빨리 말레이 공략을 성공시킬 필요가 있었다. 1942년 2월 정글을 강행 돌파한 일본군은 말레이반도 남단으로 진격, 싱가폴 공격을 개시하였다. 이때 영국군은 일본군의 진격을 저지하기 위해 통과 예상 교량을 폭파하고 퇴각하였다. 뒤미처 진격해 온 일본군 공병들이 철야 가교작업에 착수, 일주일 예상의 가교 완성 기일을 이틀로 단축하여 일본군의 진격작전을 차질 없이 수행케 하였다.(畵報 제34畵).

* 〈神兵 팔렘방에 낙하하다〉(鶴田吾郎; 油彩); 싱가폴 함락 후 일본군은 곧바로
난인(蘭印; 인도네시아) 공략에 나선다. 이때의 팔렘방전투에서 가장 눈부신 활
약을 한 것으로 알려진 일본 최초의 낙하산부대 병사들의 적지 낙하 및 각개약진
장면을 그린 것이 이 기록화이다. 1942년 2월 14일, 적측의 유전(油田) 폭파 퇴각
을 우려한 일본군은 선수를 써서 제1정신단원(挺身團員) 330명을 적지에 낙하시
켜 그날 밤 안으로 팔렘방비행장과 정유소를 점령한다. 이때 낙하부대의 낙하지
점이 밀림이나 습지대인 관계로 낙하후의 병력집결이 지체된 데다, 투하한 병기
와 탄약의 행방 또한 묘연해지고 만다. 그래서 소부대 단위로 경화기와 수류탄으
로 전투를 할 수밖에 없었다. 그럼에도 낙하부대는 최정예 부대답게 사전에 공격
지점과 목표물을 충분히 숙지하고 있었으므로 공격은 극히 용맹스럽고 능률적으
로 수행되었다 한다.(畵報 제37畵)

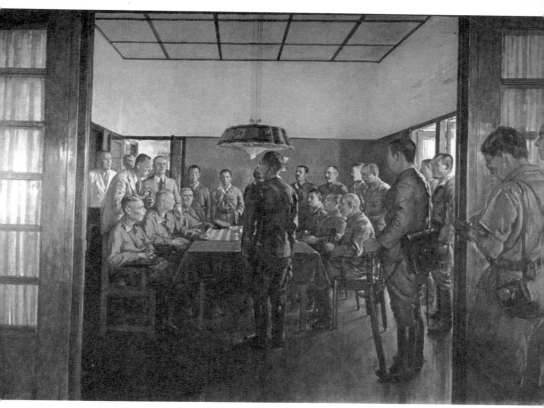

* 〈까리쟈치(비행장)회견도〉; 고이소 료헤이(小磯良平;油彩); 일본의 제10군은 10
일 만에 자바 전도(全島)를 제압하였다. 남방작전에서 가장 힘든 공략전이 될 것
이라는 예상과는 반대로 가장 무난하고 희생이 적은 전투였다. 이에는 독립을 열
망하는 인도네시아 현지인들의 환영과 방어전의 주력인 네덜란드군의 전의(戰意)
결핍이 큰 원인이었다. 각지에서 지사(知事)나 사령관을 선두로 수많은 유력 원주
민들이 항복을 해오는 가운데, 3월 7일에는 반둥지구 사령관인 베스만 중장이 국
지적 항복을 제의해 오지만 일본군은 이를 일축해 버린다. 다음 날 8일, 마침내
난인(蘭印)총독 스탕겐브르그는 전면항복을 선언한다. 이 기록화는 스탕겐브르그
총독과 이마무라 히토시(今村均) 대장이 까리쟈치 비행장에서 회견하는 장면을
그린 것이다.(畵報 제45畵)

* 〈보르네오 유전지대 공격〉(가와바다 미노루; 川端實;油彩); 쟈바 공략에 앞서 일
본군은 1942년 1월 11일에 육해군 합동작전으로 난령(蘭領) 다라칸(Tarakan; 인도
네시아 칼리만탄島 북동해안에 있는 소도; 유전지대)의 적전공격을 감행하는데,
난군(蘭軍)은 유전에 방화를 하고 퇴각한다. 일본군의 공격부대는 12일 유전지대
의 고지를 점령하고 24일에는 바리크빠빵마저 점령한다. 이 공략전은 팔렘방의
낙하산부대 전투와 함께 쟈바 공략의 전초전을 이룬다.(畵報 제48畵)

* 〈위생대의 활약과 버마인의 호의〉; 스즈끼 료조(鈴木良三;油彩); 1942년 2월 일
본군은 버마 진공을 개시, 3월 9일에는 제15군(飯田祥二郎중장)이 수도 랑군에
입성한다. 당시 버마에 주둔하고 있던 영인(英印)연합군은 일본군의 공략을 받고
인도 영내로 패주하고 만다. 오랫동안 영국의 지배하에 있었던 버마인들은 일본
군의 진공에 호의를 보이며, 행군중의 일본군 장병에게 협력하는 모습을 보이기
도 한다.(畫報 제62畫)

* 〈버마 대통령 바─모우〉; 이하라 우사부로(伊原宇三郎;油彩); 1943년 8월 1일 랑
군에서 거행된 버마 독립식전 행사 중 만장일치로 국가대표(대일협력정권의 주
석)에 추대된 바 모우(Ba Maw; 1893∼1977) 전 수상. 그는 1942년 8월 일본군의
점령 하에 성립된 대일협력 임시정부의 장관으로서 일본군의 전투작전 및 점령
행정에 협력하면서 독립준비위원장직을 맡아왔다. 일본군 패전 후는 일본으로 망
명하였으나, 귀국하여 야당인 마하─바마당 당수가 된다.(畵報 제69畵)

* 〈山本五十六 元帥像〉; 야스다 유끼히코(安田靫彦;日本畵); 태평양전쟁의 대표적 무장으로 손꼽히는 해군의 야마모토 이소로쿠(1884〜1943) 원수는 진주만 기습을 감행, 태평양전쟁의 서막을 연 연합함대사령관으로서 일약 영웅의 자리에 앉는다. 그의 용병술은 대담분방하기로 유명하다. 개전이 결정되자 그는 세계 전사상 유례가 없다는 공전의 대기습작전인 진주만공격을 감행, 이어서 말레이만 해(海) 해전과 수라바야해(海) 해전을 거쳐 일거에 산호해까지 전선을 확대하는가 하면 또 일전하여 미드웨이 작전을 전개하고 다시 솔로몬해역에까지 출동하는 식의 단기결전을 노린 속전속결의 대공격형 전투를 시도하였으나 자신은 개전 1년 반이 채 안 된 1943년 4월, 남태평양의 뉴기니아섬 동쪽에 위치하는 부겐빌(Bougain-Ville) 상공에서 작전을 지휘하던 중 미군기에 격추되어 전사하고 만다.(畵報 第72畵)

* 〈공습하의 동경시민〉; 스즈끼 마코또(鈴木誠;油彩); 유황도전투가 한창이던 1945년 3월 10일, 동경은 중폭격기 B29의 대공습을 받는다. 10일 0시 15분에 날아온 334기의 B29기는 약 두 시간 반에 걸쳐 저공으로 파상 융단폭격을 단행하여 동경 시가지의 약 4할을 잿더미로 만들고 만다. 이때의 공습으로 사망자 83,000명, 부상자 49,000명, 이재민 1,008,000명을 내는 공전의 대화재를 일으키고 만다. 동경은 이에 앞서 이미 전년 11월 24일 B29기 94대에 의한 최초의 본격적인 공습을 받은 바 있다. 다시 그보다 앞선 동경 최초의 공습은 1942년 4월 18일에 있었으나, 이것은 규모도 작고, 전술적이라기보다는 심리적 색채가 강한 것이었다. 동경 시민들은 소이탄 투하에 대비하여 물을 가득 채운 방화용수와 번지는 불꽃을 끄기 위한 방화용 모래자루를 준비, 애국반 조직을 통한 방공연습에 열중하였으나 미군의 대형 무차별 공격에는 대처할 방법이 없었다.(畫報 第87畫)

＊〈학도출진병들의 입영〉; 스즈끼 미쓰루(鈴木滿;油彩); (畵報 第91畵).

◦ 〈학도출진 장행도〉; 스다 쿠니타로(須田國太郎;油彩); 전세의 불리로 남동 태평
양에서 일본군이 패퇴를 거듭하자 1943년 가을 학생에의 징병유예가 정지되고
전국적으로 임시 징병검사가 실시된다. 12월에는 약 13만 명의 학도병이 육해군
에 입대, 전선으로 투입된다. 12월 5일에는 징병연령이 1년 인하되고 1944년 9월
에는 만 17세 이상의 남자를 현역병으로 소집한다. 이 기록화는 경도대학생들의
학도출진병 제식장면.(畵報 第92畵)

＊〈황국부녀자들의 전시근로활동〉; 여류화가봉공회, 합작 그림; 전쟁이 종국으로 치닫자 거리마다 동네마다 '1억옥쇄' '국민총동원'의 벽보와 깃발이 나부낀다. 성인 남자들이 전장에 나가 노동력 부족현상을 초래, 군수물자의 생산량이 급격히 저하하자 정부는 이를 타개하기 위해 노동연령을 인하하고 노령자의 직장복귀까지 강제한다. 부녀자 동원령도 발동하여 간호병으로, 공장으로, 탄광으로, 개간현장으로 내보낸다. 마당을 파 일구어 텃밭으로 만들어 콩도 심고 고구마 감자 등의 비상식량도 심게 한다. 이 기록화는 당시의 후방 여성들이 어떤 직장에 취로하였는가를 '集團畵' 형식으로 그리고 있다. 말 그대로 '奉公隊合作畵'이다. 통신기(通信旗)의 사용연습, 부인병으로서의 훈련, 봉제공, 우편배달, 무기제조, 버스 운전수, 하역운반 노동 등, 비록 전시하라 해도 성인남자들에게도 힘겨울 가혹한 노동에 종사, 후방수호 임무를 수행해 갔다.(畵報 第93畵)

* 〈출전간호부〉; 오와다 도미꼬 (大和田富子;油彩); 연합국측의 대반격으로 패색
이 짙어져만 가는 전선의 일본군은 수많은 전사자와 부상자를 낸다. 전선의 부상
병 간호를 위해 전선으로 소집되어 나가는 가련하고 청초한 모습의 간호부 3명이
출항준비 중인 수송선의 갑판에 모여 서 있다. 제작자 오와다 도미꼬(大和田富
子; 1884~?)는 이 화보집 수록 기록화 제작자 가운데 유일한 여류화가이다. 경
도부립(京都府立) 제1고등여학교 졸업 후, 꾸마오카(熊岡) 회화도장에서 유채화
를 공부하여 화가가 된 오와다 도미꼬는 이때 60이 다 된 할머니 화가였다.(畵報
第94畵)

* 〈소년공의 양성〉; 쓰루다 히로시(鶴田宏:油彩); 1942년 후반이 되자 전국은 점차 일본 측에 불리해져 온다. 국내에서는 성인남자의 소집으로 인한 노동력의 부족과 항공기 등 근대병기의 생산에 필요한 고도기술자 부족현상을 초래한다. 이에 정부는 미성년자의 동원을 실시, 국민학교 갓 졸업의 아동들을 공장에 투입하여 속성지도에 의한 실습작업에 종사케 한다. 이 기록화는 국민학교 졸업 후 곧바로 공장에 투입되어 선배의 실습지도하에 긴장한 모습으로 작업에 열중하고 있는 소년양성공의 모습을 그리고 있다.(畵報 第96畵)

* 〈최후의 어전회의〉; 데라우찌 만지로 (寺內萬次郞;油彩); 1945년 8월 14일 오전 10시 50분부터 궁성의 지하방공호에서 천황폐하 임석하의 어전회의가 열려, 스즈끼 간타로(鈴木貫太郞)수상이 상주한 포츠담선언(항복권유) 수락과 이에 수반한 선후책에 대해 정오 무렵 마침내 천황의 재결이 내려지고, 다음 날 15일 일본은 연합국 측에 대해 무조건 항복을 통고함으로써 태평양전쟁은 종막을 고하게 된다. 그림은 최후의 어전회의에서 성단(聖斷)을 내리고 있는 순간의 모습을 그리고 있다.(畵報 第99畵)

* 전시 중 지하방공호 속(?)의, 아니면 등화관제하의 어두컴컴한 화실 속(?)의 후
지다 쓰구하루(藤田嗣治) 화백의 모습; 사진인지 실물화인지 불명(畵報集 p.65
소재).

PART 12

『最後의 一兵』;
괌도 취재기자단의 全記錄

最後の★一兵

グアム島取材記者団の全記録
毎日新聞社編

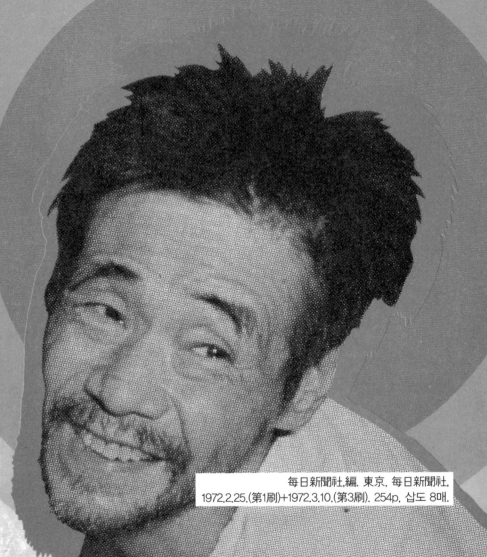

毎日新聞社,編. 東京, 毎日新聞社,
1972.2.25.(第1刷)＋1972.3.10.(第3刷). 254p, 삽도 8매.

(1)

이 책은 1945년 8월 15일, 일본의 무조건 항복으로 태평양전쟁이 끝난 후에도 서태평양 마리아나제도諸島 남단의 소도 꽘541평방 킬로미터의 정글 속에 잠입, 도민들의 눈을 피해 반수신半獸身의 토굴 속 은신생활을 하며 도망쳐 다니다가, 27년 만에 원주민들에게 붙들려 구사일생으로 고국 일본으로 돌아온 아이찌愛知현 가이부군海部郡 출신의 일본군 패잔병인 보병 제38연대 쓰찌야중대土屋中隊 소속의 육군 오장伍長 요꼬이 쇼이치橫井庄一; 1915~1997의 극적인 '로빈슨 크루소'적 생환기이다.

태평양전쟁 종결 전후에, 해외의 여러 식민지 땅에 나가 왕도낙토王道樂土를 꿈꾸며 희망에 차 살던 개척 이주민이나, 남서태평양·동남아시아 등의 격전지에서 싸우다 살아남은 수많은 일본인 패잔병과 군속들은 여러 경로를 통해 일찍이 고난의 귀국행을 단행, 고국의 품에 안겨 악몽 같았던 전쟁의 흔적과 추억의 먼지들을 털어내며 충용한 황군皇軍·황민皇民의 너울을 벗어던지고 새 시대의 평화국민으로 재탄생하게 된다.

그러나 이렇게 일찌감치 평화의 길목에 들어선 대부분의 해외 거주민이나 전쟁터에 불리워 나갔던 군인·군속들과 달리, 전쟁의 종결과 패전의 사실을 알지 못하거나, 알면서도 투항과 무장해제·자진해산을 거부한 채 귀국대열에서 낙오하여 짧게는 수년간, 길게는 4반세기가 넘는 27년의 장구한 세월 동안 저 남국의 외딴섬 정글 속에서 고립된 유일 단독자의 몸으로, 혹은 2~3인 동행으로 도피생활을 하다가 원주민이나 수색대원에게 붙잡혀 '반수신의 짐승'생활을 청산하고 지각 귀국한 기적 같은 '로빈슨 크루소의 후예'들이 있다.

전몰지도 전몰시時도 밝혀지지 않은 채, 혹은 전지 이동 중에 혹은 격전의 와중에 수장되거나 총알받이로 산화하여 무주고혼이 된 수많은 전몰자들의 종적은 알 수 없다 하더라도, 이들 소수의 지각 생환자들은 이미 40~50~60대의 초로의 황혼 길목에 들어선 모습을 하고 있었으니 이는 아무도 예측할 수 없는, 하늘이 시킨 운명의 장난이었다 할 밖에. 이들은 일본군이 반드시 패퇴한 괌도에 '대일본제국 국기'인 히노마루 마크 찍힌 비행기나 군함을 앞세우고 다시 재탈환의 상륙작전을 전개해 올 것이라는 굳은 신념과 야마토다마시이大和魂로 무장된 불굴·충용의 군인정신을 굳게 다지며 28년간의 긴 세월 동안 녹슬어 쓸모 없게 된 소총으로 땅굴을 파고 사슴과 멧돼지 사냥을 하며 고독과 절망과 싸워 왔던 것이다.

이 글에서 소개하려는 극적인 생환 성공자 5인과, 은신 정보에 따른 소재 수색과 귀환 인도 교섭에 실패, 영구미제로 끝나버리고 만 또 다른 4인의 미귀환자 이야기를 당시의 신문보도와 수색대의 활동기록을 더듬어 재구성해 보면 이야기는 다음과 같이 전개된다.

(2)

　태평양전쟁이 한창이던 1942년 7월, 일제의 노무자 강제징용으로 남양군도에 끌려갔던 충북 단양 출신의 조병기 씨가 전쟁이 끝난 줄도 모른 채 13년간이나 남태평양의 고도 베레레우섬의 정글 속에서 은신·도피 생활 끝에 1965년 7월 6일 귀국하여 세상을 놀라게 하였다. 당시 초등학교 5학년생이었던 필자에게는, 그 세상을 놀라게 한 떠들썩한 귀국소식을 수업시간에 로빈슨 크루소와 비견하여 전해 들었던 기억이 어렴풋이 남아있다. 그는 "미군에 사로잡히면 코를 잘리고 혀가 뽑혀 죽는다."는 평소 일본군의 전시 행동지침을 맹신하고 밀림 속으로 숨어들어 도피생활을 계속하는데, 13년만인 1965년 7월 5일, 원주민 농장에서 고추를 따먹다가 주민들에게 붙잡혀 미군에 인도되고 미국령 괌도와 일본을 거쳐 귀국길에 오른다.

　조병기 씨가 군속 신분의 생환자임에 반하여, 로빈슨 크루소 제2호 생환자들은 현역 일본병 신분자들이다. 2인 1조로 동반 도망자 생활을 하다가 붙잡힌 구 일본군 패잔병사 미나가와 분조皆川文藏와 이또 세이伊藤正 씨. 1945년 8월의 종전 사실을 믿으려 하지 않고 투항도 하지 않은 채 정글 속에 잠복, 16년간이나 도망병 생활을 했던 미나가와 분조皆川; 보병 제18연대 제2박격포중대와 이또 세이伊藤正; 보병 제49연대 제3대대 竹內大隊는 1960년 5월 25일, 괌도 최대의 하천인 타로후오후오강일본식 이름; 太郎川 부근의 밀림, 평야지대 접경지에서 멧돼지 사냥을 하던 원주민에게 발각되어 고국 일본으로 귀환한다.

　그런데 이들 중 한 사람인 미나가와는 후술하는 바와 같이 4년 후인 1964년 8월에 있었던 괌 경찰청 주도하의 또 다른 정글 잔존 구 일본병 동료 수색·구출 작업에 멀리 일본에서 응원군으로 불려 와 16년간의 정글생활 체험자 자격으로 참가_{결국 수색작전은 영구미제로 끝나고 말지만} 현지경찰이 제대로 수행해 내지 못하는 정글 수색작전을 앞장서 진두지휘?하여 많은 수색 성과를 올린다. 이때 그는 모기떼의 엄습으로 팔·목·얼굴 등을 물려 온몸이 퉁퉁 부은 상태로 과거에 활보했던 밀림 속을 뚫고 들어가 구 일본병들이 쓰다가 버린 녹슬고 부식해 버린 도검·식기류 등의 일상 유류품과 백골이 되어 버린 구 일본병 사체를 찾아내기도 한다. 아이러니컬하게도 그 수색지에 계속 이어지는 죽림竹林 끝자락의 150평방미터 넓이의 경사진 대숲 속에는 뒷날 밝혀지는 대로 왕년의 전우 요꼬이가 1972년 2월 붙잡힐 때까지 숨어 지내던 땅굴이 있는 지근 거리의 지점이기도 하여_{3주간에 걸친 수색작업 중 요꼬이는 주간(晝間) 토굴 은신 방침에 따라 꼭꼭 숨어 모습을 드러내지 않아 발견되지 않았음이 분명하지만} 더한층 세상 사람들에게 충격과 아쉬움을 안겨 주기도 하였다.

로빈슨 크루소 제3호는, 1972년 1월 24일 밀림 잠입 28년 만에 밀림 속 대숲 토굴 근처 하천에서 새우잡이를 하다가 원주민 낚시꾼들에게 붙잡힌 표제서의 주인공 요꼬이 쇼이치_{橫井庄一; 1915~1997} 구 일본군 오장_{伍長; 중사}이다.

31년 만에 하네다 공항을 통해 귀국,
고국 땅을 밟는 요꼬이 쇼이치 씨(1972년 2월 2일)

〜なケース

〜道部記者だった椎屋紀芳さん（60）▉

横井さんは、グアム島の漁民に発見され、病院に収容される前の横井庄一さん。自分で作った衣服を着て裸足だった＝グアム島で1972年1月24日、グアム警察提供

──「軍人」の口調

横井さんは、72年1月24日、ジャングルに…千件に罪を返し、二

横井庄一さん

●1972年

1月24日	グアム島で横井庄一さん発見
27日	8年前まで横井さんと生きていた2人の元日本兵の遺体を収容
2月2日	横井さん特別機で羽田空港に到着
6日	札幌五輪70㍍級ジャンプで日本が金銀銅メダルを独占
19日	赤軍派のメンバーが浅間山荘に管理人の妻を人質にたてこもる。28日武装警官が強行突入、5人を逮捕
4月25日	横井さん31年ぶりに名古屋へ帰郷
7月7日	田中角栄内閣スタート
8月26日	ミュンヘン五輪開幕
9月29日	日中国交回復

●横井 庄一さん●

1915年、名古屋市中川区生まれ。41年の応召で旧満州（中国東北部）へ。44年3月にグアム島へ移送された。終戦後20年は他の日本兵といたが、8年間は1人でジャングルで生活した。72年、祖国の地を31年ぶりに踏み、同年11月、結婚。74年に参院選に出馬し落選。85年に胃が

次回は21日に掲載します

●椎屋 紀芳さん●

62年入社。中部本社報道部長、編集委員など歴任。74年に愛知県豊橋母子殺人事件裁判報道でJCJ（日本ジャーナリスト会議）賞、協会賞受賞。退社後、岐阜県大垣市文化事業団専門員。著書に「自白─冤罪はこうして作られる」「ロマン紀行　壬申の乱」など。

요꼬이 쇼이치 씨의 생환기를 특집기사로 재보도한 《마이니치 신문》(1999년)

태평양전쟁이 한창이던 1941년 8월 일본군에 입대, 1944년 2월 첫 주 둔지인 만주에서 당시 일본군 점령지였던 서태평양의 괌도로 이송배 치 되었다가, 소속부대가 상륙·공격해 온 미군에 대패하자 투항하지 않고 부대원들과 함께 밀림 속으로 숨어들어 쫓기는 도망병 생활을 하 다가 8년 만에 동료들과 헤어져 홀로 대숲 속 지하 1m 지점에 판 1평 크기의 토굴插圖 참조 속에서 물고기나 나무열매, 두꺼비 달팽이 새우 등으로 목숨을 유지해 온 요꼬이는, 붙잡힐 때까지도 일본의 패전 사 실을 믿지 않았을 뿐만 아니라, 섬 주민들이 병원으로 데려가 건강 진 단을 위한 X레이 촬영을 하려는 순간, 단두대에 세워진 줄로 알고 "죽 이려면 빨리 죽여 달라!"며 비장한 결의를 보이기도 한다. 또 "천황폐 하를 위해, 大和魂을 신앙으로 삼아 버티어 왔다."는 등, 일본 군국주의 군인정신을 여전히 간직한 악성 대화혼大和魂 신봉자이기도 하였다.

발견 당시 초로의 나이57세에 접어들어 있었던 그는 1972년 2월 2일 귀국, 그해 11월 44세의 여성과 결혼, 노총각 신세를 면하고 고향 나고 야에서 살아 오는데, 오일 쇼크가 닥치자 내핍생활 계몽 강사로 전국 각지를 순회강연 하였으며 1974년에는 2배나 오른 물가고에 분개, 무소 속으로 참의원 전국구 후보로 입후보해 낙선하기도 한다. 귀환 25년 만인 1997년 9월 22일, 82세를 일기로 심장병으로 별세하는데, 가장 극 적인, 필설로 다 표현하기 어렵고 범인의 상상력을 뛰어넘는 기발한 지혜와 타고난 건강, 강인한 의지로 점철된 장기간에 걸친 토굴 생활 속의 생존 모습은 마이니찌每日신문사 외 3개 신문사 소속 6명의 현지 특파기자들이 상세하게 취재·보도·발간하여 세인들을 놀라게 한 표 제서『最後의 一兵』에 너무도 생생하고 흥미진진하게 묘사되어 있다.

요꼬이 씨가 직접 파서 만든 토굴 입구. 정글 속에서 유일한 죽림(대숲)지대였던
이곳 토굴 입구에서 올려다 보면 바람으로 대나무 잎 부딪히는 소리가 난다고
했다.

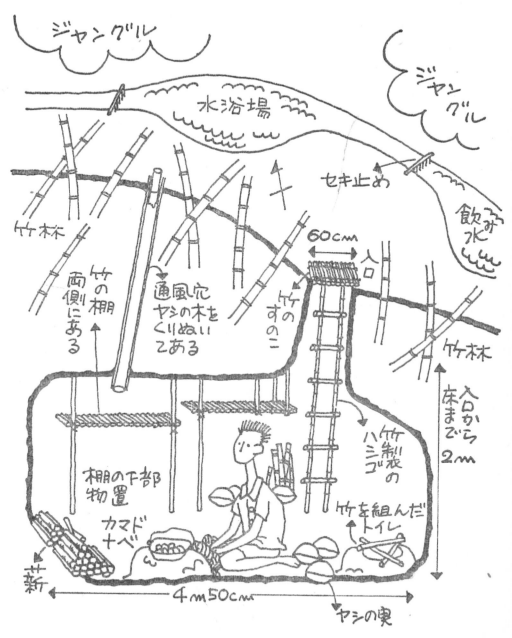

ジャングル

ジャングル

水浴場

セキ止め

飲み水

竹林

両側にある

竹の棚

通風穴 ヤシの木をくりぬいてある

竹のすのこ

60cm

入口

竹林

入口から床まで2m

棚の下部物置

カマドナベ

竹製のハシゴ

竹を組んだトイレ

薪

4m50cm

ヤシの裏

요꼬이 씨가 살았던 토굴 내부도

군 입대 전, 아버지의 직업을 물려받아 양복 제조 기술자로 일했던 그는, 고꾸시 나무 섬유로 짠 천으로 양복을 만들고 제조에 꼬박 3년이 걸린다, 플라스틱 파편으로 단추까지 만들어 달아 입는 등 양복 제조공으로서의 직인 기질을 제대로 발휘하였으며, 지니고 있던 군용 손전등 렌즈로 태양광선을 반사시켜 불씨까지 일으키는 '로빈슨 크루소적' 생존 지혜를 실컷 발휘한다. 이렇게 일으킨 불로 인근 하천에서 잡은 새우 등의 민물고기와, 두꺼비 뱀장어 개구리 달팽이 뱀은 끝내 먹지 않았다 한다. 독을 염려해서였는지?, 소철 야자 등의 나무 열매를 조리하여 생식 아닌 더운 음식을 만들어 먹기도 하며, 또 야자수 섬유로 꼰 새끼줄로 불씨까지 보존해 쓰는 지혜를 발휘하기도 한다.

이렇게 재빨리 조리 비결을 고안해 내어 일찍부터 더운 음식을 해 먹었기에 큰 병 없이 건강하게 28년을 버티어 내었을 터인데, 실제로 그는 28년간의 장구한 정글생활 기간 중, 초기에 원인 모를 전신마비 증세와 식중독?으로 인하여 계속되는 혈변을 몇 차례 겪는 등 세 차례 정도 크게 앓았을 뿐이라고 취재진과 검진 의사들에게 밝히고 있다.

이렇게 낮 동안에는 원주민에게 붙잡힐까 봐 하루 종일 토굴 속에 숨어 지내며 양복 이외의 갖가지 생활도구 나무수저와 젓가락으로부터 변기통, 물고기와 들쥐를 잡기 위한 대나무 살로 엮어 짜는 그물과 덫를 수공으로 만들며 시시각각으로 밀려오는 처절한 고독감과 무료감을 달래려 안간힘을 썼으며, 먹거리 식물 채취와 고기잡이는 어둠이 내린 뒤에만 하는 등 철저한 잠입생활 수칙을 지켜 왔는데, 어느 날 그만 예상치 못한 부주의로 낮 시간에 따로후오후오천川 부근에서 멧돼지 사냥을 하던 원주민들에게 붙잡히고 마는 '불운 아닌 행운'을 맞이하여 27년간의 '처절한 고독'의 단독자 생활을 마감, 몇 년만 더 지났으면 부수수하게 돋아난 털은 물론 엉덩이에 꼬리가 달린 침팬지 4촌쯤의 유인원으로 퇴화하고 말았을 법한 순간에 인간사회로 복귀한다.

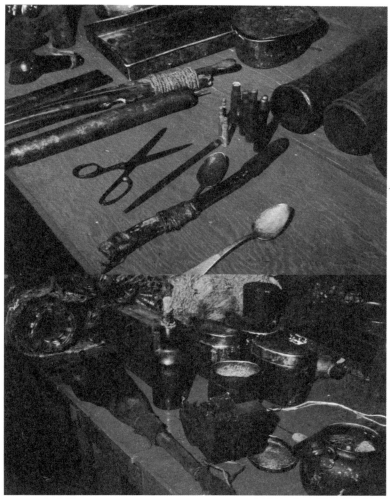

토굴 속에서 사용했던 일용품들

(3)

　이상 기술한 사항 외에, 요꼬이 씨가 취재진에게 밝힌, 인간세상에서는 도저히 상상도 할 수 없을 밀림 잠입생활 전후의 절박한 도피자 심정과, 체념 끝에 고안해 내는 살아남기 위한 갖가지 기발한 생존방법의 개발과 관련한 놓치기 아까운 일화들을 몇 가지 초록해 보면 다음과 같다.

　(1) 직선거리 1Km가 채 못 되는 인근에 원주민 부락이 있어 가끔 멀리서도 도민들이 지나 다니는 모습 등, 인간사회에의 복귀본능을 자극하는 여러 정경들을 바라보면서도, 또 이따금 뿌려진 종전 고지告知 삐라와 투항·복귀 권고 방송을 보고 들으면서도 끝내 원주민 거주지역으로 걸어 나오지 못한 이유는, 전진훈戰陣訓으로 교육받은 대화혼大和魂정신으로 조국을 위해 전장에서 산화하지 못해 천황폐하를 뵐 낯이 없다는 패전의 고통으로 가득 찬 수치심, 과거에 일본군이 자행한 대량 원주민학살에 대한 보복을 받지 않을까 하는 공포심, 개별 투항을 의심하는 동료 병사들의 엄한 감시의 눈초리와 투항·귀환하더라도 비겁하게 항복하여 살아 돌아왔다고 '비국민 취급'을 받을 것에 대한 두려움 때문이었다.

　(2) 요꼬이 씨가 처음부터 혼자 몸으로 밀림 잠복생활을 했던 것은 아니다. 패전 후, 처음에는 100명 정도의 소부대 단위로 뭉쳐 도망을 다니다가, 병사자와 사망자의 속출, 식량부족 등의 이유로 해산을 결정,

소수자 그룹으로 분산되었는데, 그것이 다시 8명, 7명으로 줄고 마지막에는8년쯤 후에는 3명이 남아 함께 토굴을 파고 살았는데, 그나마 상호 의견충돌로 다른 2명의 동료와 헤어진 후 별도의 땅굴을 파고 붙잡힐 때까지 혼자 살게 된 것이다.

(3) 요꼬이 씨는 청명한 날 군용 회중전등 렌즈를 햇빛에 반사시켜 불씨를 일으켜 그걸로 음식을 조리해 먹었고, 또 야자수 껍질 섬유로 새끼를 꼬아 만든 화승火繩으로 불씨를 보존하여 쓰는 지혜까지 발휘하는데, 잘못하여 억새 띠로 만들어 덮은 땅굴 은폐용 덮개 지붕과 인근 잡목림 숲에 불이 옮아 붙어 진화에 혼이 난 적이 있었다. 가정이지만 이때 불이 밀림 속으로 옮아붙어 큰 산불이 되었다면, 요꼬이 씨도 그만 소사했거나, 소화작업 나온 원주민에게 구조되어 일찍 생환해 왔을지도 모른다.

(4) 양복은 고구시 나무 섬유로 짠 실오라기로 만들어 입었는데, 세 벌을 만들어 수선하고 또 수선하여 입었다풀잎 섬유로 만든 양복의 수명이 오죽했겠는가. 또, 재봉질에 필수 도구인 바늘은 놋쇠를 두들겨 펴서 길쭉하게 만든 다음, 송곳으로 구멍을 뚫어 만들어 썼다바늘구멍의 지름이 얼마나 컸겠는지, 이 또한 짐작이 갈 터이다.

(5) 밀림생활 중 '목이 타듯이' 제일 괴로웠던 것은 염분 섭취 불가능으로 인한 상시적 염분 결핍증. 그래서 꾀를 낸 것이, 달팽이 두꺼비 등을 요리할 때, 데쳐낸 산나물 비슷한 산야초를 김치볶음 할 때처럼 듬

뿍듬뿍 집어넣어 소금기 역할을 대신시키고, 느끼한 맛도 제거하는 일이었다. 그래서 붙잡혀 병원으로 이송되었을 때, 개구일성으로 제일 먼저 꺼낸 말이 "소금을 주시요! 소금을! 소금기 있는 것이 제일 먹고 싶소!"라는 외침이었다.

(6) 붙잡히기 전에 현지인의 모습은 멀리서나마 종종 보았으나 만나지는 않았다. 잡히게 된 계기는, 초저녁에 새우잡이 그물을 건져 올리려고 냇가로 가다가, 갑자기 부스럭 소리가 나며 지척에 사람이 나타나도 망칠 수도 없어 그 자리에 우뚝 선 채 경계태세를 취하면서도 이제 세월도 흐를 만큼 흘렀고, 나이도 먹을 만큼 먹었으므로 될 대로 되라는 오기와 설마 죽이기야 하겠느냐는 자족심으로 순순히 포박에 응했다는 것인데, 병원으로 이송된 뒤 요꼬이 씨를 첫 접견했던 판아메리칸항공공사 소속의 마쓰모토松本 여객부장의 목격담으로는 "원숭이인 줄 알았다. 눈망울을 뒤룩거리며 주위를 살피는 모습하며, 등을 구부린 채 뭔가 겁에 질려 있는 듯한 모습은 도저히 인간으로는 보이지 않았다."는 것이다.

(7) 원주민에게 붙잡힐 당시, 요꼬이 씨는 짙은 갈색의 반소매 상의와 반쓰봉 차림이었는데, 이는 인근 야산에서 주워 입은 원주민의 옷으로 추정된다는 것이며, 꾸부정하게 등과 허리를 구부리고 서있는 요꼬이는 시랍屍蠟:시체가 오랜 기간 물속이나 습지에 파묻혀있을 때 변화된 모습과 같은 얼굴을 하고, 오랜 세월 햇빛을 쐬지 못한 밀림 속 생활 탓이었는지, 백랍과 같이 하앴다고 한다.

화복(和服)차림으로 기자회견을 하고 있는 히로씨(1974년 3월, 국립동경 제1병원에서)

(8) "일본에 돌아가고 싶기는 하나…, 가장 만나고 싶은 사람은 어머니이지만, 어머니는 출정 당시 이미 연로한 나이이었으므로 이제 만날 수 없을 것이다.실제로 그의 모친은 1958년에 70세로 이미 사망"라고 기자들의 질문에 답한 그는 "귀국하여 밀린 급료를 받으면이 또한 실제로 그는 귀국 후 전쟁 당시의 화폐 액수로 정산한 구 일본군 육군 오장 신분자의 밀린 급료를 전액 지급받는다, 그 돈으로 고향 근처의 영산靈山 미타께야마御嶽山에 참배, 사망 전우들의 위령제를 지내고 싶다."는 포부를 밝히기도 한다.

(4)

로빈슨 크루소 제4호는, 종전 후 29년간이나 필리핀의 루방섬 정글 숲에 숨어 지내다 살아 나온 일본군 패잔병 오노다 히로小野田寬郎; 1923~2014 전 일본군 소위. 1942년 20세의 나이로 일본 육군에 입대한 오노다는 중국어와 영어에 능통한 정보장교였는데, 1944년 필리핀의 루방섬으로 파견된 그는 다음해 연합군의 공격으로 대부분의 일본군이 전사하거나 포로로 잡힌 가운데서도 극적으로 살아남는다. 그 역시 일본의 패전사실을 믿지 않고 투항을 거부한 채 29년간의 정글생활 끝에 1974년 2월, 일본의 한 청년 '태평양전쟁 전사자 유골 수색대원'에게 발견되어 일본으로 돌아온다. 2년 전에 귀환한 요꼬이 오장伍長보다 1년 더 긴 최장의 정글생활 기록을 세운 '최악종 로빈슨 크루소'라고나 이름 붙여 주어야 할 오노다는 발견 당시까지 필리핀 경찰과 미군 등

30여 명의 인명을 살상했다는 것인데, 더욱 놀라운 사실은 발견 당시 52세라는 초로의 나이에도 구舊 일본국 군복 차림에 수류탄을 소지한 '일본군 현역 군인' 행세를 하고 있었다는 것. 끝내 항복을 거부하는 그를 설득하기 위해 전쟁 당시의 직속 상관이 현지에까지 찾아가 '임무종료·무장해제' 명령을 하달하자 그제야 손을 들고 나왔다는 철저한 군국용사였던 것이다.

그는 귀환한 후 1975년에 브라질로 건너가 목장을 경영하기도 했는데, 10여 년 뒤 귀국하여서는 위안부 문제에 관한 일본의 책임을 부정하는 발언을 하는 등 적극적인 우익활동가 역할을 자임함으로써 왕년의 군국용사로서의 용맹을 과시하기도 하였다.

이상 4명의 귀환병사들은 신문보도 등으로 세상에 널리 알려지고, 고국에 돌아와 '반수신적 짐승 냄새'를 씻어낸 후 그런대로 인간생활의 안락함을 맛본 행운의 생환자들이고, 그밖에도 생사 여부가 밝혀지지 않은 채 유골 시신 등이 이국 땅의 풍우 속에 방치·산화되었을 수많은 무주고혼의 일본군 패잔병들이 지하에서 울부짖고 있을 터인데, 정글·산악 도피생활 중 수많은 부상자와 병자가 발생하였음은 물론이고, 영양실조와 기아로 잇따른 사망자가 나왔음 또한 물론일 것이다.

특히나 애처로운 경우는 미군에 쫓겨 산악으로 숨어들었던 후지다藤田라는 한 일본군 병사는 평소 온순한 성격의 소유자였는데, 오랜 정글생활의 괴로움을 이겨내지 못하고, 실성한 끝에 1947년 5월의 어느 날 밤 소총으로 가슴을 겨누어 자살하고 말았다는 것이다. 이들에 비하면, 홀로 27~8년간을 고독과 공포와 허기와 병마와 싸우면서 원시

고독자 생활의 초인간적 생존투쟁 끝에 의연히? 살아남은 오노다·요
꼬이 두 사람은 그야말로 인류가 낳은 '위대한 로빈슨 크루소형型 절대
고독자'였음이 분명하다.

(5)

그런가 하면, 이들 5명의 생환자들과는 달리 아쉽게도 끝내 불발 혹
은 영구미제로 끝나버린 산악·정글 생존 일본인 낙오 병사 구출작전의
대표적 사례가 2건 있다. 그 하나는 1964년 9월 19일부터 3주간에 걸쳐
벌어졌던 괌도 산악 밀림지대 생존 일본군 패잔병추정 2인의 구출·수
색작전이다.

사건의 전말을 요약하면 1964년 8월 26일, 27세의 호세 죠지라는 괌
도 북부 정글지대 부근의 한 미국 해군기지 통신소 소속의 쓰레기 운반
용 덤프트럭 운전수에게 시가지 변두리의 인적이 뜸한 밀림 접경지 쓰
레기 폐기장에서, 구형 38식 장총을 멘 일본군 패잔병으로 보이는 '돼지
도 여자도 아닌', 궁둥이까지 덮은 장발과 훈도시 차림의 괴남怪男 2인이
쓰레기를 뒤져 먹다 남은 음식 찌꺼기와 폐의류 등의 생활용품을 찾고
있던 중, 발각되자 재빨리 정글 속으로 도망쳐 들어가 버렸다는 것.

이 소식이 UPI통신의 텔렉스를 통해 전 세계에 타전되자, 일본 후생
성 조사단과 기자단이 몰려들고 마침내 괌도 현지경찰과 일본인 정글
생활 체험자 합동의 정글 수색작전이 3주일간 실시되는데, 이때의 합

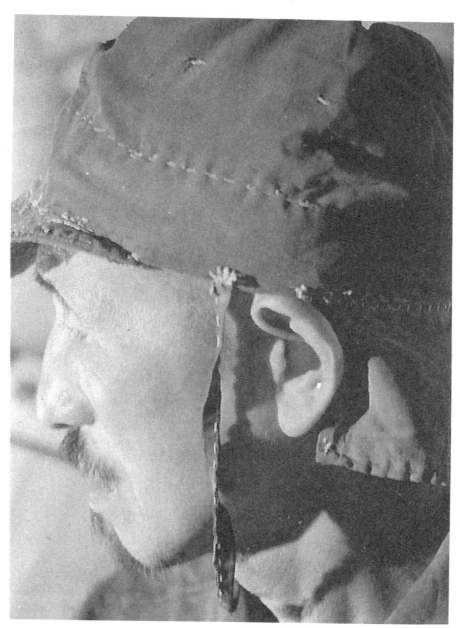

손으로 만들어 썼던 전투모

밀림 속 나무에 매달아 놓은 은신 일본군 병사에의 연락함
"이 상자를 열어보시오! 고국에서 보내온 편지가 들어있습니다; 필리핀 주재 일
본대사관"(1959년 경)

히로씨가 30년간 몸에 지니고 있었던 센닌바리(千人針)부적
(출정병사의 무사귀환을 빌어 천 명의 여자들이 한 땀씩 붉은 실로 천에 매듭을
놓아서 배에 두르게 한 천조각 부적)

동 수색작전 참여 구 일본병 정글 생환자는 전술한 바와 같이 바로 4년 전인 1960년 5월에 괌도 남부 따로후오후오천川 부근에서 원주민에게 발견·생환되었던 2인의 병사 중 한 사람인 미나가와 분조皆川文藏였다. 이때 미나가와는 과거 16년간에 걸친 정글생활 체험자로서의 정글생활 요령과 기지를 활용하고 발휘하여 동행 경찰관도 무색할 만큼 수색 작업을 앞장서 리드?하였으나, 결국 더 깊숙이 '꽁꽁' 숨어버렸을 두 괴물 남자를 찾아내지 못한 채 귀국하고 말았던 것이다.

이때 미나가와는 전술한 바와 같이, 모기떼와 진드기 등의 밀림지 서식 맹독성 곤충에 물려 온몸이 통통 부은 채 옛날 자신이 활보하고 다녔던 정글지대를 3주 동안 샅샅이 뒤지고 돌아다니는데, 그가 뒤지고 다닌 총 거리는 연延 250km에나 달했다 한다. 당초 1개월 예정이었던 후생성 조사단의 정글 수색작전은 9월 19일부터 3주간 계속되었으나 결국 도주병사?들은 찾아내지 못한 채 종결되고 만다. "목격자의 증언과 유류품 분석을 통한 상황증거로는 구 일본군 병사들이 틀림없다"고 미나가와 씨는 단정적 추정을 하였으나, 현실적으로는 일본군 병사의 모습을 발견하지 못해 "북부 정글에 이상한 모습의 인간이 출몰했던 것은 틀림없으나, 그것이 구 일본군 병사였는지의 확증은 없다."는 조사결과만 발표하고 10월 24일 한 달 만에 괌도에서 철수하고 만다.

수색작전은 이처럼 아무 소득 없이 허망하게 끝나고 말았으나, 구 일본군 병사 다수의 생존 가능성을 암시해 주는 듯한 수많은 이동 흔적이나 생활 유류품이 발견되어 안타까움을 더해 주었다 한다. 수색작전 시 발견된 200개 이상의 자연, 인공 동굴물론 지하 땅굴은 전혀 찾아내지 못했다 주위에서 발견한 이동 흔적이나 유류품 발견 상황은 다음과 같다.

(1) 9월 19일, 휘네가양 미 해군기지 근처의 밀림 속 동굴에서 구 육군의 알마이트제製식기 2개와 가솔린깡罐을 둘로 쪼개어 만든 취사도구를 발견하였는데, 부식상태가 심하여 식기 주인 병사의 이름도 마멸되어 있었다만약 주인 병사의 이름이 판독되었다면 도주 병사의 소속부대나 개인별 인적 사항도 검색되었을 것이다.

(2) 9월 28일, 미 해군기지에서 약 2km 북방의 해안 절벽의 바위 틈에서 바케쓰 한 개와 함석판 2장을 발견하였는데, 아직 부식되지 않은 점 등으로 2인 병사의 생존설을 뒷받침케 하는 실마리로 추정되기도 하였으나, 역시 확증이 없는 추정으로 끝나고 만다.

(3) 9월 29일, 다라끼 해안 암벽 동굴 속에서 구 일본군 병사들이 먹다가 남긴 듯 싶은 야자수 열매변색 정도로 미루어 1개월쯤 전의 것으로 추정와 암벽을 기어 오르내린 듯 싶은 발자국 발견4, 5일 전~1개월쯤 전의 것으로 추정.

(4) 한 자연동굴 속에서는 수류탄이 3개 발견되고, 동굴 밖 평지에서는 풍화되어산화되어 부토腐土가 다 되어버린 사체 흔적이 발견되었는데, 애처롭게도 생시의 몸통 허리께 부근의 수통과 발목 자리의 희미한 윤곽의 편상화編上靴 형체만 채 부식되지 않은 모습으로 남아 있더라는 것이다.

　이번에는 불발로 끝나버린 필리핀 민다나오섬의 반정부 게릴라 단체 거주 산악지대 거주자_{억류자?}로 추정되는 구 일본군 병사 2명의 인도·인수 구출작전_{불발로 끝난}이다. 이 경우에는, 현지에서 사업을 하는 한 일본인 청년 실업가와 그와 연계된 한 필리핀 여성 재목상을 통해 2인의 구 일본군 병사_{출신자}의 생존 정보가 언론을 통해 일본 전쟁미귀환자 구조 단체 관계자들에게 전해지고, 이들 2명은 전쟁 종결 후 미처 귀국하지 못한 채 필리핀 산악지대 현지인 부락에 눌러 살며 주민들과 동화하여 결혼도 하고 가정도 꾸리며, 그런대로 경제적·사회적 기반도 마련한 구 일본군 병사로 추정되는 자들로, 또 이들 사이에_{게릴라부대 지휘자(?)와의 사이에} 구체적 인도 조건과 절차의 교섭까지 진행되는 듯한 가운데, _{당연한 절차로} 필리핀 주재 일본 대사관 직원까지 약속·지정된 호텔에 나갔으나 어찌된 연유에서인지, 중개인과의 접속도 이루어지지 않고, 또 첫 정보 제공자들의 까닭 모를 당초 발설 내용의 부인·번복으로 사태는 이상한 방향으로 진전, 결국은 이틀 만에 없었던 일로 미궁에 빠져 버리고 말았다는 것.

　금방이라도 구 일본군 병사 2명이 인도되어 고국으로 돌아가게 될 것같이 호들갑을 떨었던 관련 인사나 대사관 직원, 현지 언론인들의 실망으로 막이 내린 불발극이 되고 말았는데, 추측컨대, 막상 교섭의 진행 경과가 매스컴을 통해 대대적으로 공개되자, 신분 노출을 꺼린 구 일본병 거주지역 반정부 게릴라 단체 지휘부가 서둘러 없었던 일로 교섭을 파악하고 말았을 것이라는 그럴듯한 추측과 소문만을 남긴 채 미제사건으로 끝나고끝내고? 말았다는 것이다. 이 사건은 당시의 일본과 전 세계 유력 매스컴의 지면들을 뜨겁게 달구었다가 소리 소문 없이 자취를 감추어 버리고 만 '그저 좋다가 만…' 한판의 싱거운 소동으로 끝나 버리고 만다.

(7)

이 이야기의 소재서가 되는 『最後의 一兵』의 주인공 요꼬이 쇼이찌橫井庄— 씨는 극도로 밀폐·고립된 밀림 생활 속에서 고안해 낸 갖가지 특출한 자생적 생존방식의 실행으로 역경을 견뎌내어 인류 역사에 또 한 사람의 '로빈슨 크루소'로 등재되는 행운?을 얻는 셈인데, 이 취재서의 편자가 서문에서 밝히고 있듯이, 소설가 데포의 로빈슨 크루소는 어떻게라도 살아남아 지나가는 배의 선원들에게 발견되어 인간사회로 구출되어 나갈 날을 기다린 반면, 일본군 패잔병 로빈슨 크루소 요꼬이 씨는 전세를 만회한 일본군이 다시 괌도에 승리군으로 재상륙하여 올 때까지 인간원주민들에게 발견되는 것을 극히 꺼려했다는 차별성이 있다. 한 사람은 난파선이 만들어 낸 로빈슨 크루소이고 또 한 사람은 전쟁이 만들어 낸 로빈슨 크루소라는 차별성을 지닌 점, 세인들에게 시사해 주는 큰 교훈이라고 필자는 생각한다.

또 이 책이 신문사 현지 파견 특파 기자단의 신속 상세하고 다각도에 걸친 취재와 편집·발행 작업이 사건 발생 후 불과 4주일 만에 완결된 데다가, 제1쇄 발행1972년 2월 25일 후 보름 만에1972년 3월 10일 제3쇄본이 나올 만큼 세상 사람들의 커다란 이목을 끌게 했다는 점 등이 이 사건의 뉴스밸류를 더 한층 높여주는 증좌라 할 것이다.

PART **13**

晩松 李起鵬의 傳記
『겨레의 반려 이기붕 선생』『人間晩松』과
이기붕 의장 · 朴馬利亞 부총장의
서명 기증본 저서
『李起鵬先生演説集』『女性과 敎養』

(1)

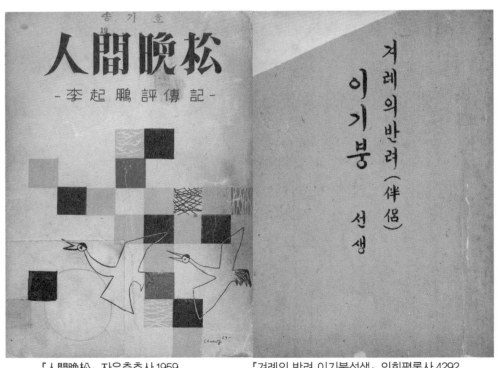

『人間晚松』, 자유춘추사, 1959 　　　『겨레의 반려 이기붕선생』, 의회평론사, 4292

인터넷 입문 초보생 신세의 필자가 인터넷 사용법 속성 숙달 목적의 고서古書 전문 사이트 검색 중, 소문으로만 들어오던 손때 묻은 1940~50년대 적의 추억의 시집들인 이봉순李鳳順의 『반딧불』, 김세익金世翊의 『石榴』, 김용제金龍濟의 『山無情』과 함께 우연히 발견한 박마리아 여사의 서명 기증본 저서 『女性과 敎養』을 입수한 것은 대단한 행운이었다.

그것이 행운이라는 이유를 굳이 말하자면, 1950년대 자유당 천하의 한국정치를 주름잡으며 남편 이기붕을 만인지상의 권부權府의 정상 자리에 밀어 올리려고 온갖 술수와 공작을 다 부리다가 부정선거와 부패 구악의 원흉으로 몰려 일가족 자살의 끔찍한 비극을 초래했던, 1950년대 한국정치 막후의 여걸? 박마리아 이화여자대학교 부총장이 이런 섬약한 여성 취향?의 저술도 남겼던가 하는 호기심에서 우러나온 감탄에서였음은 물론이다.

이와 함께 40년 세월의 고서점 순방 행각시 수시로 구입해 두었던 만송 이기붕 관련 책자나 스크랩해 두었던 신문·잡지들 속의 여러 기사들, 그리고 제4대 3.15 정부통령 선거를 앞두고 급조 발간되었던 이기붕 전기 『겨레의 반려 이기붕 선생崔山內, 著』, 『人間晩松』과 만송의 서명 기증본 책자 『李起鵬先生演說集』을 꺼내 들고 이리저리 책장을 넘겨보는 가운데, 까까머리 시절의 철없던 중학생 시절 어른들 옆에서 보고 들어 생경한 모습 그대로 필자의 뇌리에 각인되어 있는 이기붕 의장과 박마리아 부총장 관련 희비극의 추억들이 어제의 일처럼 생생하게 되살아나는 것이었다.

1950년대 한국정치의 정사正史와 야사野史를 수많은 바늘땀으로 수놓았던 만송 일가족의 공사 간에 얽힌 정치적·비정치적 일상 행적기들 중 대중의 호기심과 비난의 과녁이 되었던 중심적 주제의 핵심은 아무래도 인간 만송과 박마리아 부부의 인간적 면모와 공사 행적기의 선악 판별로 축약될 수도 있을 것이다. 또 후세인들이 풀어내야 할 그 호기심의 명제를 더 한층 축약시켜 말한다면, 과연 만송 부부는 태생적으로 애초부터 한국정치를 저 비극적인 3·15사태와 피의 4·19혁명으로 몰고 갈 만한 지극한 권력의 화신앞뒤 분별이라고는 전혀 없는, 천하에 둘도 없는 태생적인 비도덕적 비인간적 유전자 체질만의 악인?이었던가 하는 점에 있다고 할 것이다.

한국 현대사를 권력과 부귀와 피로 물들인 '惡德人'의 표상表象 만송 부부의 진면목을 이 전기물과 자술서自述書들은 어떻게 보여주고 있는 것일까.

(2)

결과가 말해 주는 그러한 선입견이나 예단과는 달리, 만송과 박마리아 부부를 그린 여러 전기 책자나, 생전에 공사간의 인연을 맺고 한국 현대사의 가파른 현장을 함께 걸어왔던 여러 지인들에 의하면, 정치에 적극적으로 깊숙이 관여하기 이전의 만송 부부는 본디 매우 성실하고 양심적이면서도 성취욕出世慾이 좀 강했을 뿐인 '선량한 노력인'이었다는 것이니, 미국 망명 시절 《三一新報》를 발행하여 우남 이승만 박사를 도우며 독립운동을 함께했던 전 과도정부 수반 우양友洋 허정許政은 "내가 아는 만송은 겸허하고 욕심이 없고 선의에 두터운 군자였다. 그에게는 권모술수가 난무하는 정당의 보스가 될 만한 기질은 전혀 없었다. 존경하는 이 박사를 충실히 모시는 것이 애국의 길이라고 굳게 믿었던 소박한 만송을 화려한 정치무대에 내세우지 않고 착실히 뒤에서 이 박사를 돕도록만 했더라면 만송은 상당한 일을 해냈을 것이다. 불행하게도 만송은 부인의 과욕과 주변 소인배들晚松族의 정치적 농간에 끌려다니다가 스스로 원하지도 않던 부통령 출마를 하기에 이르러 비극적 최후를 맞이했던 것이다. 물론 부인을 다스리지 못하고 정상배의 농간을 간파하지 못한 것은 만송의 잘못이고 어리석음이었다."고 적절하게 만송의 소인素人으로서의 인품을 증언하고 있다.

어린 시절의 만송 이기붕

미국 유학 시절의 만송 이기붕(오른편)

미국 체재시의 청년 이기붕

몹시 빈한한 환경 속의 성장기를 보내야 했던 명문가의 후손^{증조부 李} ^{會正은 孝寧大君의 13대손으로 예조판서까지 지냈으나 파당이 다르다는 이유로 민비에 의} ^{해 賜死당한다} 만송과 박마리아는 피눈물 나는 기아와 가난의 고학생 신분의 미국 유학 시절에 만나 3년여 간의 열렬한 교제 끝에 부부가 된 후, 미국에 남아 이승만 박사 미주^{美州}지역 독립운동의 실무적 뒷받침을 열심히 하는 애국심에 불타는 '부지런하고 성실하고 절제성 있는 모범 부부'였으며, 4267년^{1934년} 귀국 후의 왜정 치하에서도 식료품상회와 다방의 경영, 국일관 지배인 생활, 광산업 경영 등 여러 직업을 전전하면서도 소극적으로나마 음으로 양으로 독립운동가들의 숨은 뒷바라지를 마다하지 않았던 나무랄 데 없는 '애국심에 불타고 성실한 한국인'의 한 표상이었으니, 국일관 근무 시의 왜인 고관 및 주요 인사들의 동태 파악과 정보 획득, 일본 패망에 관한 유언비어 유포, 해외 독립운동가들과의 비밀 내통, 여운홍^{呂運弘} 등과의 비밀 연락 혐의 등으로 수차례 헌병대에 연행되어 구타와 고문을 당하는 고초를 겪어야 했던 사실들이 바로 그것이다.

8·15해방과 더불어 돈암장 시절의 이승만 박사 개인 비서로 발탁되어 우남의 건국사업에 음으로 양으로 성실한 보좌인 역할을 수행했던 그는, 마침내 정부 수립 후 그 성실성과 행정 능력을 인정받아 경무대 비서실장에서 시작되는 정치인의 길로 들어서게 된다. 성실 근면 정직으로 일관한 '인격자' 만송은 계속 그 인품과 능력을 인정받아 잇따라 서울시장^{제2대; 1949년 6월}→제3대 국방부장관^{1951년 5월~1952년 3월}의 요직을 맡는데, 특히 전시하의 어려운 국방부장관직을 맡아 현안인 국민방위군 비리사건 등을 신속하고 엄정하게 처리하여 국민들의 칭송과

행정능력을 인정받기에 이른다. 이때까지가 '악인?'으로 변신하기 이전의 나무랄 데 없고 흠잡을 데 없는 '착한 정치인' 만송의 진면목이 드러나는 '기대주 정치인 만송 전반기 인생'의 우등생적 고과표이다.

그러나 운명의 여신은 그러한 그를 계속 양지에만 놓아두지 않았으니, 그러던 그를 종국에는 '민주반역자 수괴' 자리에 올려놓는 파란과 치욕으로 점철된 후반기 정치인생으로 몰고 가게 되는 계기는, 1953년 11월, 초창기 자유당의 파벌 권력다툼의 와중에 당내 최대 파벌 족청계族靑系 숙청 임무를 떠맡는 자유당 총무부장직을 이승만 총재의 명령으로 떠맡으면서부터이다. 결과를 앞당겨 말한다면, '권력과 정치는 하루아침에 선인을 악인으로 바꾸어 버리고 만다.'는 속언대로, 만송은 '천하의 몹쓸 악인' 길에의 수렁에 첫발이 빠져버리고 만 것이다.

이때부터 시작된 만송의 후반기 '정치인생'은 승승장구, 순풍에 돛을 단 듯 권력의 정상만을 향해 순항하는 듯하였으나, 주변에는 기라성 같은 정치적 경쟁'적敵'과 면종복배하는 아첨꾼만 늘어날 뿐, 그것은 추락의 벼랑길을 질주하는 브레이크 없는 경주마가 되어 종국에는 노도와 같은 민중 봉기 앞에 일가족 권총자결이라는 비참한 최후를 맞이하고 말았음은 역사의 일지가 기록하고 있는 바 그대로가 아닌가.

이처럼 만송은 자기가 길러낸 만송족권력 주변에 쉬파리처럼 몰려들어 신흥 세도 권력가의 우상화 작업에 앞장섰던 문인 배우 연예인 정치깡패, 아부 출세주의 관료와 정치 지망생, 악덕 모리배 기업가들과 부인 박마리아 씨의 탐욕적 권세욕과 자유당 내각 내외에 겹겹으로 진을 친 친일 관료·군 출신 간신 정상배들의 올가미 덫에 채이고 만 꼴이 된 것이다.

또한 '花無十日紅 權不十年'의 공식대로 희대의 처참한 비극으로 막을 내린 '서대문 경무대 小統領 만송의 세도천하의 가려진 장막 뒤에서 만송의 권력 성취욕구를 부추기고 서대문 경무대의 천년성을 북악산 밑의 '세종로 경무대'로 옮겨 가려는 공작에 올인했던 '장막 뒤의 여걸?' 박마리아 부총장 역시 초반기 인생의 지적 총명성과 성실 정직 근면의 덕목을 차 던지고 '예비 권좌'에 올라앉은 지 채 10년도 못 되어 '만송의 권력 1인자 만들기' 공작의 목표 달성 일보 직전에 무너져 내린 권력과 부귀의 성채의 바윗돌에 깔려 비명횡사하고 말았으니, 전반기 인생의 충직 성실했던 인생행보가 가석可惜타 해야 할 것이다.

3·15 정부통령 선거를 1년여 앞두고 급간急刊된 찬양 일변도의 만송 전기이나마, 두 권의 평전『겨레의 伴侶 이기붕 선생崔山內, 著; 의회평론사; 1959.12.7; 244p』과『人間 晩松저작 겸 발행인; 自由春秋社 대표 金正植; 1959.3.20; 326p』을 통한 이들 부부의 행장기와 일가족 관련 여러 르포물과 신문 스크랩들을 샅샅이 읽어 보고 '권력무상' 政治亡身家'의 허탈감에 잠시 망연해 있던 필자가 본정신으로 돌아와 책상 위에 펼쳐놓은 만송 부부의 서명 기증본 저서『李起鵬先生演說集』『女性과 敎養』의 페이지들을 넘겨보니, 그래도 간단한 독후감 형식으로나마 한때의 그 성실성과 지성의 냄새를 약간 풍겨주는, 두 부부의 '權力狂' 변신 이전의 약간 희미한 인간적 향내 풍겨 나올듯한 아름다운? 추억의 모습들만 간추려 간직하며, '죄는 미워도 인간은 용서할 수 있다.'는 인류 범죄 형벌사 전래의 격언 문구대로, 이미 고인이 되어 죗값의 일부나마 치렀을지도 모를 고인들의 명복을 빌어주고 싶은 심정이 솟구쳐 오름을 어쩔 수 없다.

정치인 관련 단골 전기작가인 최산내가 지은 『겨레의 반려 이기붕 선생244p;국판』은 만송 일가족의 가문·출생·성장·입신·정계진출 전후의 파란만장했던 인생 역정기를 르포 형식으로 그려낸 전기물인데, 안표지에 이기붕 의장의 초상 사진과, 본문 페이지 중간 중간에 소년기→청 장년기까지의 만송 관련, 가족 관련 희귀 사진을 많이 실어 분장한 탈바가지 너머의 모습 아닌 소인素人 인간 만송의 '화장기 없는' 순수한 면모들을 들여다볼 수 있게 해 준다.

『李起鵬先生演說集』은 1960년의 제4대, 5대 정·부통령 선거를 얼마 안 남겨 두고 이기붕 후보 선전용 책자로 발간한, 민의원 의장이며 자유당 중앙위원회 의장인 이기붕 씨가 "지금까지 세상에 글로나 말로 발표한 문집을 한 집에 담은발행인 명의자 韓熙錫 민의원 부의장의 발문" 기고문과 연설문집이다. 374페이지 분량의 하드커버 양장본 책자이다.

제1부 취임사편, 제2부 식사式辭편, 제3부 축사 및 격려사편, 제4부 기념사편, 제5부 환영사편, 제6부 연설편, 제7부 담화편, 제8부 추모사편, 제9부 논설편, 제10부 서한편으로, 주로 '公人 이기붕 의장'의 공식적·의식적儀式的 행사 관련 연설·논설·서한문 일색이다. 출판사 이름도 발행처의 명의도 명시함이 없이, 판권지 난에 그저 어정쩡하게 '편집인 韓徹永' '발행인 韓熙錫'이라고만 표시되어 있는 독립 출판 형식의 책자인데, 이는 혹시라도 중대 선거를 앞두고 '떠들썩하고 요란한 물량 공세적' 발간 형식을 취했을 때 있을지도 모를 상대편 야당과 언론의 공격의 화살과 정치판 참새 떼들의 구설수를 피하기 위한 의도에서였

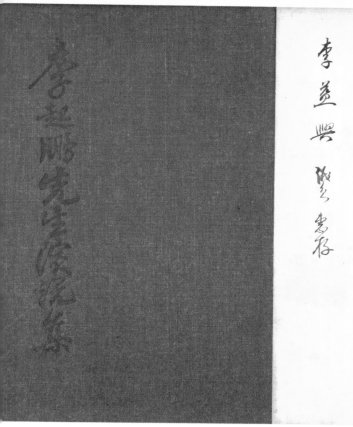

『李起鵬先生演說集』과 李益興 의원에의 기증서명

지 않나 싶다.

　다른 유수 정치인들이 앞다투어 회고록들을 써내어 장안의 지가를 올린다거나 한 일과는 반대로, 만송은 동년배의 경쟁 상대 정치인들과 같은, 세상에 자랑스레 드러낼 만한 체포와 감옥생활도 마다할 만한 가열한 투사형 독립운동과 정치투쟁으로 쌓아올린 화려하고 멋있고 대중의 매력을 끌만한 투쟁 경력이 없어서였는지, 혹은 '文才'의 부족 때문에서였는지, 이 책에 수록된 약간 무미건조한 '공식적' '의례적' 정치 관련 행사의 식사나 논설문 외에 만송의 인간적 체취를 느끼게 하는 '산문류의 회상기, 고백록' 같은 글은 전혀 없어 좀 딱딱한 느낌을 안겨 주는 '약간 재미없는 책자'이다.

그래서 탐서가들이 항용 그러하듯, "싱거운 책이기도 하군!" 하고 지나쳐 버리려고 하는 참인데, 웬걸, 안 페이지 초상 사진 다음 페이지에 "李益興議員 惠存"이라는 종서縱書의 가늘고 단정한 자체字體의 모필 글씨의 만송 친필 서명이 있는 것이 아닌가!

이익흥 의원이 누구인가? 평안남도 개천 태생의 제4대 민의원 의원 이익흥은 일본 구주九州제대 출신으로, 왜정 치하에서 경찰에 투신, 평안북도 박천 경찰서장까지 지낸 '정통' 친일 경찰 관료 출신 정치인으로, 해방 후 서울시 부시장, 경기도 지사, 내무부장관을 지낸 후 국회에까지 진출한, 만송의 충직한 일급 정치참모의 한 사람이었다. 그는 하도 처세술이 능란해, 낚시질하는 이승만 대통령을 수행했을 때, 대통령이 ○○○을 하자 "각하, 시원하시겠습니다."라는 위로의 말씀을 드릴 정도였다고 하는데, 이 첨언諂言은 사실일 것이라고도 하고, 혹은 시기하는 인사들이나 그의 비행을 쫓는 기자들이 과장스레 지어낸 우스개소리였을 것이라고도 한다.

'호탕하고 능수능란한' 자유당 지모智謀 인사꾼?의 한 사람으로 알려진 그의 자유당과 만송에 대한 지극한 충성경쟁의 한 돌출행동은, 3대 국회 시절의 사사오입 개헌 파동 시, 한 표 차이로 아슬아슬하게 부결된 개헌안의 통과 숫자 번복 계산 아이디어재적의원 233명의 3분의 2는 사사오입 수학 계산법 원칙에 따라 155명이므로 통과된 것으로 해석함이 옳다는를 짜낸 장본인으로 알려진 사람이기도 하다. 아무튼 최측근의 유력 실세 인사인 그와의 끈끈한 공사간의 정의 관계로 만송은 '즐거운 마음으로 미소를 머금은 채' 서명하여 건네주었을 것이다. 남자 글씨로는 좀 기개가 부족해 보이는, 약간 단정하고 우아하며 흐트러짐이 전혀 없는 '美筆體'의 모필 글씨가 만송의 '정치인 부적합형?'의 단정·성실한 성품을 드러내 보여주는 듯하다.

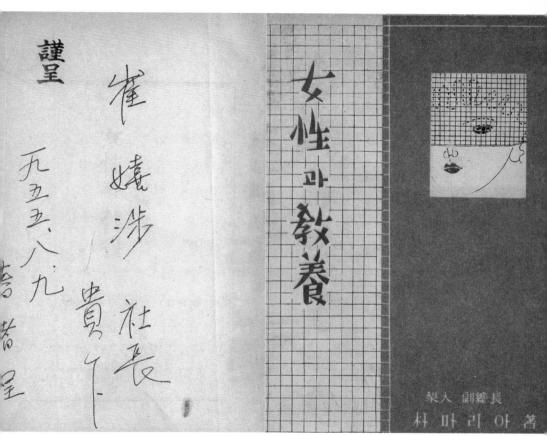

『女性과 教養』과 박마리아 부총장의 기증서명

(4)

『女性과 敎養』은 이화여자대학교 부총장 직함의 박마리아 여사가 여성 교육자 입장에서, 미래 한국의 주부 수업자인 제자들에게 읽힐 목적으로 쓴 여성 교양서로, 여성들이 갖추어야 할 인격과 교양의 보편적 기준을 제시한 여성의 자기계발 교육 지침서이자, 덕목서이다. 세상에 공개된 박마리아 씨의 유일의 저서인데, 아직 순수성과 절제심이 약간 남아있어 뵈는 아름다운 시절1955년경의 체취가 풍겨나는 저술이다.

일찍이 강릉의 한 빈한한 가정에서 태어나, 이화여자전문학교를 우수한 성적으로 졸업한 후 미국에 유학, 고학으로 마운트흘리대학과 스카릿대학 피버디사범대학을 졸업한 그녀는 만송과 미국에서 귀국한 후, 이화여자전문학교 영문과 교수로 교육계에 발을 내딛은 후, 해방 후에는 이화여대 부총장까지 된 '초입지전적'인 성취인으로, 대단한 미모와 총명을 갖춘그야말로 재색을 겸비한 여인이었다. 거기에다가 "한편으로는 多欲하고 남에게 지기 싫어했으며 지나치게 자존심이 강한 에고이스트로서, 자기 것은 쌀 한 톨 남에게 주는 법이 없으면서도 남의 것은 주는 대로 받았던 욕심꾸러기 여인"의 기질까지 갖추고 있었던 것이다초대 대통령 비서관 朴容萬 전 의원의 말. 그것이 결국 사회적 명성의 획득과 함께 정치적 야욕으로 불타오르고 마침내는 자유당 제2인자의 아내로 서대문 경무대의 안방마님 노릇을 하다가 자제심 잃은 권력녀權力女의 비참한 모습을 드러내고 말지만.

그녀가 권력녀가 되기 이전의 아름다운? 시절에 발간된 이 책은, 발간 시점인 1955년대만 해도, '한국의 사랑스러운 딸 梨花人'을 길러내는 일을 지상의 명제로 여겼던 한국 최고의 여성교육의 전당 이화여자대학교의 교육이념에 걸맞는 주제를 내걸고 그 취지에 맞는 내용으로 집필한 여성 교양 덕목서라 할 수 있다. 그런 한편으로는 저자가 평소에 품어온 자신의 세계관·국가관을 강조하는 동시에, 여성생활의 전 주제에 걸쳐 차세대 여성 지도자로서의 긍지와 포부를 은근히 과시하고 있는 책이라고도 할 수 있다.

당시의 총장 김활란 박사의 서문이 있고, 미술대학장인 서양화가 이준李俊화백의 아름답고 우아하고 섬세한 선묘화 도안의 표지 장정으로 한껏 멋을 부린 『女性과 敎養』은 시기적으로 아직 그녀가 '권력의 마녀' 자리에 차고 들어앉기 이전인 1955년 6월 15일에 그녀의 봉직처인 이화여자대학교 출판부에서 간행된 '대학출판물'이라서 그런지 여성 취양의 교양서로서의 격과 품위가 돋보이는 것도 사실이다. 또 속표지 다음 장에, 저자가 책을 펴들고 있는 한복 차림의 초상 사진과 함께 "나의 사랑하는 康姬 영靈 앞에 이 책을 바친다."는 짤막한 문구의, 이화여자중학교 재학 시절에 죽은 큰딸 강희 양에게 바치는 추모 헌사도 그런대로 먼저 간 딸의 모습을 잊지 못해 안타까워하는 어머니의 절절한 애련哀憐의 정표일 것이라는 생각이 들기도 한다.

〈여성의 사회적 책임〉〈연애결혼〉 등의 소제목 논설 19편과 〈나의 남편을 말함〉〈나의 도미유학 당시의 회상〉 등 11편의 잡문록雜文錄이 실려 있는 이 책에는 속표지에 만년필 아니면 펜글씨의 종서로 "崔嬉涉

社長 貴下 一九五五. 八.九 著者呈"이라고 서명이 되어 있는데, 그의 성품을 반영함인지, 여성의 휘호체 글씨로는 만송의 글씨체보다 훨씬 힘찬 필세를 보여주고 있다.

이 부부의 기증본 도서의 서명 글씨를 들여다보면서, 필자는 권력의 화신으로 화해, 국민들도 안중에 두지 않고 유아독존적 자세로 방자하게 굴던 후반생 정치 오염기 시절의 추악한 인생 역정기보다는 그래도 아직 성실 · 정직의 덕목을 약간 간직하고 있었을 만송 일가족의 '아름다운 시절'의 모습들을 애써 환상으로 좇으며 고인들의 명복을 빌어주고 싶은 심정이다.

(5)

자결한 시신의 모습으로 발견되어 1960년 4월 30일 상오 9시 50분, 수도육군병원 강당에서 장례식을 치룬 후, 망우리 공동묘지의 앞서 간 딸 강희 양의 묘가 있는 곳에 매장된 이기붕 의장 일가족의 묘는 생전에 만송이 관계했던 친목회 '만만클럽'의 이강복李康福 씨 등에 의해 1976년 4월 17일, 경기도 고양군 벽제읍 내유1리 백란白蘭공원묘지로 이장되었는데, 200여 평이 되는 이 묘지에는, 위쪽에 만송 부부가 합장되어 있고, 부부 묘 앞 아래편 오른쪽부터 강석 강욱 강희 3남매의 묘가 나란히 봉분을 이루고 있는데, 해마다 만송 일가의 기일에는 베일

로 얼굴을 가린 묘령의 여인이 강석의 묘 앞에 꽃다발을 놓고 참배를
하고 간다는 목격자의 전언이 전설처럼 전해지고 있다.

PART 14

발굴 원조 다툼으로 갈 뻔한 『學海』와
김동리 선생의 〈朴少年─名; 아버지와 아들〉

學海

第七號

(中學篇)

『學海』, 제7호(中學篇), 경동중학교 문예반, 4288년(1955년) 10월 1일 발행, 166페이지.

京東中學校

(1)

어느 날 청계천 7가에 있는 동묘 앞의 한 고서점에서 『學海』라 제題 하는, 1950~60년대식 장정과 제본 형태를 갖춘, 그럴싸하게 이끼가 끼고 낡아 닳아진 표지와 모서리가 닿기만 하면 금방이라도 부스러질 듯 심하게 산화酸化·마모 단계에 이른 본문지의 중학교 교지 한 권을 발견하였다. 50년 묵은 고서?라는 이유 하나만으로 기껏 중학교 교지에 지나지 않는 낡은 책 한 권에 기천원의 돈을 투자할 만한 가치가 있는 것일까 하는 주저와 망설임 끝에, 그래도 장안의 수재들만 다녔다는 서울의 5대 공립중학의 하나였던 경동중학의 교지인데다, 혹여라도 세월에 묻혀 버린 소년시절의 추억의 실타래를 풀어 줄 한 줌 이야깃거리라도 튀어나오지 않을까 하는 막연한 기대감으로 무작정 집어 들었다.

목차를 펼쳐들고 혹시라도 구미 당기는 제목이나 필자가 없는가 하고 꼼꼼히 살펴보니, 166페이지 분량의 중학교 교지로는 그리 얇지 않은 이 책자가 지체 높은 사회 저명인사급 학부모 몇 사람장차관급 인사를 비롯하여 국회의원, 은행장 등 이름만 들어도 금방 알아볼 수 있는의 애정 어린 격려사와 백철 교수 김용호 시인의 문예 관련 특별 기고문과 시를 싣고 있고, 재학생들의 수필 동화 동시 일기문 콩트 단편소설 등으로 풍성하게 지면을 채우고 있어 언뜻 '문예특집호'라는 인상을 주는 가운데, 놀랍게도 후반부에 '大魚'급에 속한다 할 고급어 한 마리가 눈에 띄는 것이었다. 당시 민족문학의 기수로 한국 소설문학의 선두 주자의 한 사람이었던 김동리 선생의 단편소설 〈朴少年〉이 표제서인『學海제7호』에 '특별기고' 예우를 받으며 실려 있는 것이었다.

(2)

원고지 80매 분량의 〈朴少年〉은 북한 인민군에 의해 점령된 6·25동란 중의 6개월간의 밀폐된 점령 공간 서울을 배경으로 벌어지는 적치하의 생잔투쟁 과정에서의, 주인공 박승준朴承俊 소년과 새아버지신 씨성 가진 토목 공사장 인부 사이에 흐르는 진한 가족애를 그린, 가슴 뭉클한 감동을 안겨주는 단편소설이다.

어떤 연유로 이 대가급 중견 소설가의 주옥같은 작품을 영광스럽게도『學海』라는 중학교 교지가 모시어 싣게 되었는지, 그 구체적 경위와 사연은 알 수 없어 궁금하지만, 주인공 소년보다 조금 어릴 나이의『學海』의 독자들이나 동년배의 소년들이 6·25동란 기간 중필자도 그들과 거의 동급생의 나이로 비슷한 체험을 한 사람이지만 한국 땅의 어느 지역에선가 몇 번쯤은 겪었을 전란생활 속의 반포로 상태의 피압박자 생활을 반추하거

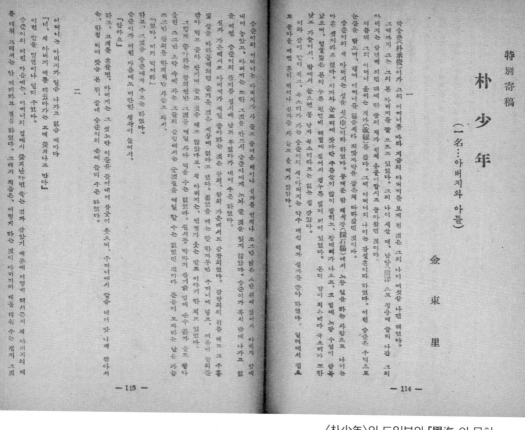

〈朴少年〉의 도입부와 『學海』의 목차

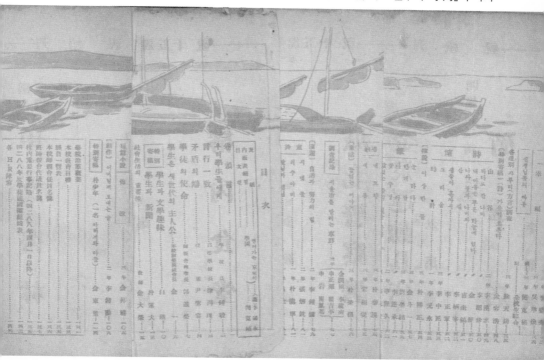

나 끔찍하고 무서웠던 전쟁의 여러 기억들을 되새김질하며 감동해 읽을 수 있을 만한 전쟁소년문학의 한 모델작품이라 할 것이다.

필자도 국민학교 1~3학년 시절1951년~1953년경에 겪었던 6·25동란기의 전시체험을 회상하며, 그때의 여러 전장戰場씬들을 생생하고 실감나게 지면 위에 재생시켜 준 〈朴少年〉을 내리 두 번이나 되풀이해 읽으며 진한 감동에 젖었음은 물론이다.

(3)

이처럼 책의 체재나 내용에 내심 만족해하며 지인들에게 자랑이라도 해보고 싶은 충동에 사로잡혀 있던 필자에게, 이 책자의 서지사항과 관련한 '원조 다툼' 비슷한 일화가 하나 생겨났다. 이러한 소중한 책자를 구득한 필자는 탐서가들이 항용 그러하듯, 희귀본 취급요령의 필수 절차의 하나인 타인 소장 여부를 확인한 결과, 이 책자의 발행처인 경동중학교는 물론, 여타의 그럴 만한 국·공립 도서관이나 개인 소장가에게도 소장되어 있지 않음은 물론이요, 〈朴少年〉이 김동리 문학작품 연표年表에도 등재되어 있지 않음이 확인된 것이다.

그래서 필자는 이 책자 구득 당시의 시점을 기준으로 일단 '국내 유일본'일 것으로 잠정 단정하며 혹시나 같은 책이 또 한 권 나타나지 않을까 하회를 기다리며, 더 꼼꼼한 서지조사를 할 결심을 하고 있었다. 그런데 웬걸, 이 작품과 동종이명同種異名의 소설작품을 발견했다는 또

한 사람의 '발굴자'가 경쟁자처럼 나타난 것이다.

정말 시간적으로 우연하게도, 이 책자의 구득시를 전후하여 얼마 안 된 시점에, 김동리 선생의 '전쟁소설'을 발굴하여 연구논문까지 발표한 또 한 사람의 문학사가文學史家가 나타난 것이다. 결론을 앞세워 말한다면, 〈朴少年〉이 『學海』지에 발표된 1955년 1년 후 1956년의 어느 전문잡지에, 작자가 〈朴少年〉을 개작 혹은 가필하여 이름을 바꿔 전재했을 것으로 추정되는 '동종이명'의 '전쟁소설' 〈父子〉를 그 연구자가 찾아낸 것이다.

그리고 필자가 그 사실을 알게 된 사연 또한 정말 우연한 계기에서였다. 그 무렵 2010년 11월 김동리선생기념사업회가 연례행사로 서울 동숭동 함춘회관에서 치르는 '2010년 김동리문학제 11월 24일'를 며칠 앞두고 필자가 기념사업회 쪽에 참고자료 제공 차원에서 소설 〈朴少年〉 발견 사실을 제보하고 기념사업회 당무자와 만나 작품의 서지적 사항을 검증하던 중, 소설가이기도 한 그 당무자가, 마침 '2010년 동리문학제' 기념회보 특집으로 전술한 〈父子〉 발견자의 관련 연구 논문 발표가 있을 것이라며, 이미 편집이 끝났을 기념회보의 문학평론가 최영호 교수 해군사관학교의 발표 예정 논문 첨부 사진 〈父子〉가 실린 『해군』지의 표지 목차 판권지 소설 시작 페이지의 제목과 컷을 복사해 건네주며 "이렇게 『해군』지에 게재된 〈父子〉가 최 교수에 의해 최근에 발굴?되어 우리 손에 들어와 있는데…, 이것이 김동리 선생 발표 〈朴少年〉 관련 '전쟁소설'의 '최초본' 발굴 작품이고, 선생 필자이 제보한 『學海』지의 〈朴少年〉은 '최초본' 작품이 아닙니다."라는 쾌도난마식이기는 하나 좀 시큰둥하고 약간 앞뒤가 맞지 않은 엉뚱한 판정 유권해석을 내리는 것이었다. 이 또한 이 이야기의 결론을 앞세워 말한다면, 그때 당무자는 솔직히 "선생 발견?의 〈朴少年〉이 최 교수 '발굴'의 〈父子〉보다 1년 앞서 발표된 '최초 발표' 작품인 것은 확실하지만, 유감스럽게도 최 교수 발굴 작품의 평가 논문까지 이미 편집 마무리 단계에 있으므로, 일단 선생 제보의 〈朴少年〉 관련 '문학사적 원조' 논의는 다음 기회로 미루었으면 합니다."라는 정도의 완곡한 양해 발언은 있었어야 할 일이었다고 필자는 생각하는 것이다.

(4)

　아무튼 이렇게 납득이 가지 않는 방식의 퇴짜를 맞은 며칠 후2010년 11월 24일에 이번에는 그 새로 '발굴'했다는 〈父子〉의 원문과 〈朴少年〉 관련 평가논문이 실린 회보라도 얻어 보려고 기념제에 참석하여 배부된 회보 속의 발표 논문인 '6·25전쟁과 비극적 아름다움; 김동리 소설 〈父子1956년 6월〉 발굴에 부쳐 최영호; 해군사관학교 교수; 문학평론가'를 접하게 된 것이다.

　그 발표 논문에서 첫 발굴자 최영호 교수는 "김동리의 〈父子〉를 찾은 것은 행복한 우연이었다. 6·25전쟁 발발 60주년을 기회로, 1950~60년대에 발표된 해군·해병대 전쟁소설을 찾아 연구하려는 생각에서 해사 海士 학술정보관을 뒤지다가, 상당히 낡은 상태의『해군』지를 발견했다."고 상세한 발굴경위와 기쁨에 넘치는 소회를 피력하고 있는데, 최 교수 첫 발굴의 〈父子〉는 당시1950년대의 해군·해병대 정훈국이 공동으로 발행한 월간지『해군』1956년 6월호에 수록된 작품이다.

　그런데 필자가, '첫 발굴로 추정되는' 〈朴少年〉의 게재지『學海』의 권말 판권지의 기재 사항을 옮겨 보면, 발행일이 4288년1955년 10월 1일로 되어 있고, 〈朴少年〉의 종결부에 '乙未1955년 7월'로 집필 날짜가 명기되어 있다.

　필자는 문학 전공자가 아니기 때문에, 단순 서지론적 견지에서, 약간 개작가필·전재한 작품일 것으로 보이는 '동종이명' 소설 〈父子〉와 〈朴少年〉의 문학서지적 차원의 상이점을 판별할 능력이 없으므로 더 이상 '군더더기'에 속할 '최초본 발굴원조 더듬기' 논쟁을 제기할 만한 능력도 의지도 여력도 없다는 심정만 밝혀둔다.

다만 혹시라도 또 다른 서지가나 전문 연구자가 후일 〈朴少年〉과 완전히 내용이 일치하는 작품을 어디선가 발견하여, 몇몇 문장의 앞뒤만 약간 바꾸어 개작가필改作加筆했을 것으로 추정되는 〈父子〉와의 비교 평문評文이라도 쓸 경우를 예상하여 〈朴少年〉과 〈父子〉의 서지적 상위 부분을 몇 가지 비교 추출해 보이고 이 이야기를 끝내려고 한다.

『學海』지의 〈朴少年〉은 작자가 '一, 二, 三, 四, 五, 六, 七'식으로 전 문장을 7개 문단으로 나누어 이야기의 상황변전을 시도하고 있는 반면, 『해군』지의 〈父子〉는 전 문장을 '1, 2, 3, 4, 5'의 5개 문단으로 새로이 문단 구분을 하여 문장 구성 체계를 재편하고 있는데, 그중 〈朴少年〉의 '…五, 六, 七'은 〈父子〉의 '3, 4, 5' 문단으로 문장 전체를 그대로 옮겨 놓고 있으며, '一, 二, 三, 四…'는 '1, 2….'의 문장 속에 통폐합하는 식으로, 약간 '개작'이 되어 있는 상태이지만, 이야기의 줄거리나 등장인물에는 전혀 변동이 없다는 사실이다.

『해군』 1956년 6월호 표지

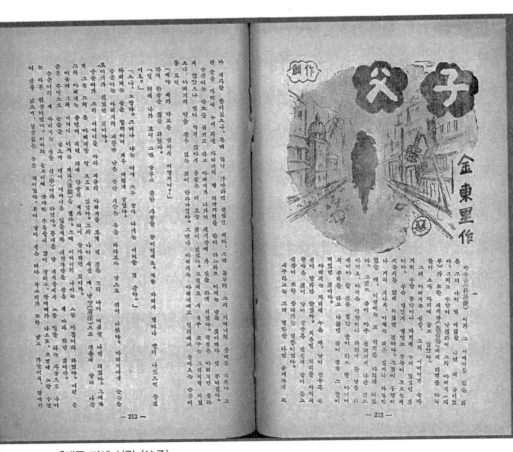

『해군』지에 실린 〈父子〉

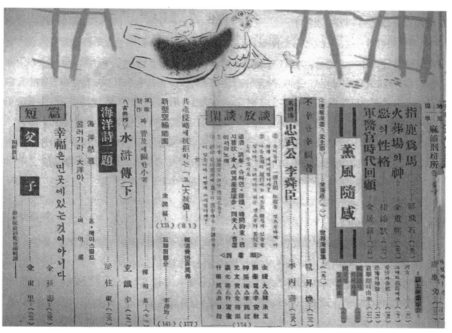

『해군』 1956년 6월호 목차

PART 15

이병주李炳注 선생과 『중립의 이론』

집필 중인 나림(那林) 이병주 선생

(1) 일생 동안 다 읽어 보기로 작정한 이병주 선생의 저술들
-이병주 소설 읽기에 푹 빠진 필자

필자가 이병주 선생의 소설과 사상의 마력에 끌려들게 된 동기 부여
를 해준 최초의 작품은 1966년 3월호의《新東亞》지에 실린 단편소설
〈매화나무의 인과〉였다. 부채상환과 관련한 충동살인과 이를 숨기려

『關釜連絡船』, 新丘文化社, 1973   『智異山』, 世運文化社, 1978   『魔術師』, 아폴로社, 1968

는 암매장 사건을 소재로 다룬 이 단편소설은 문학도가 아닌 대학생 시절의 필자에게도 새로운 소설 기법과 매끈한 문체로 신선한 감동을 안겨 주었다. 문단력 일천한 낯선 작가명에 대한 호기심과 함께 실은 이 작가가 이 작품에 앞서 〈소설 알렉산드리아〉〈마술사〉〈예낭풍물지〉 등의 화제작 발표로 문단의 기린아가 되어 있었고, 또 그보다 앞서 1950년대 중반 이미 부산일보에 장편 『내일없는 그날』을 연재한 바 있는 기성작가라는 사실은 훨씬 후에 알았지만 '아하! 이런 소설도 있구나.' 하는 감탄사가 절로 흘러나왔다. 그리고는 잊어버리고 있었다.

그러던 중 2년쯤 후, 이번에는 군 복무기간 중의 병영 막사 안에서 다시 이병주 선생의 소설과 만나게 된다. 육군 신병 시절의 필자가 휴일이나 점호 후의 침상 속에서 배낭에서 꺼내어 한 줄 한 줄 아껴가며 읽었던 이병주 소설의 제목은 《世代》지였던가 《月刊中央》이었던지 지금은 기억이 엇갈리는, 또 어느 작품이 먼저였던지 그것도 기억이 헷갈리는 연재 장편소설 『관부연락선』과 『지리산』이었다. 이때 느낀 소설적 재미와 뇌리에 스치는 진한 감동은 〈매화나무의 인과〉를 훨씬 능가하는 것이었다. 점호 소등 후 기껏 2~3페이지 읽을까 말까 한 취침시간이 그렇게도 기다려지던 신병 시절이었다.

그 뒤 군복무를 마치고 직장생활을 하면서 지상을 통해 간간이 소개되는 장·단편의 신작들을 읽어가는 중에, 필자는 '신인 아닌 신인 냄새'를 풍기는 이병주 선생의 소설 읽기에 심취, 독파에 독파를 거듭하면서 흥분과 감격에 젖었음은 물론이요, 소설가 이병주 선생을 문학인의 내 문학적 사상적 동경심의 우상으로까지 존숭하게 되었다.

그러니 1970~80년대는 필자의 독서력讀書歷에서 이병주 소설 탐독과 감동 맛보기의 전성기라 할 수 있는데, 그중의 대표작들은 이병주 지식인체험소설의 압권이라 할 초기 대작 『관부연락선』 『지리산』과 훨씬 후1978년경의 조선일보 연재 장편 시대소설 『구름과 바람과 비』였다. 필자가 이처럼 이병주 소설 읽기에 탐닉 몰두하게 된 주된 동기와 원인을 지금 와서 생각해 보면, 이들 대하소설들이 저자 자신과 독자 양편에 사상 섭렵과 지적 모험심 탐색의 광대한 지평을 활짝 열어젖혀 주는 점과 또 그것을 가능케 한 저자의 천재적 상상력, 유추력과 신기에 가깝다 할 필력筆力을 갖추고 있는 데 연유하고 있지 않나 하는 생각이기도 하다.

이와 관련, 이병주 소설의 작품적 특질에 대해 언급한 문학사가들의 평설 중 김종회 교수의 "장·단편에 배어있는 이병주 소설의 특질과 매력은 극적인 재미와 박진감 넘치는 이야기의 구성, 등장인물의 생동력과 장쾌한 스케일, 그리고 그의 소설 처처에서 드러나는 세계 해석의 명쾌한 논리… 에 있다."라든가, 문학평론가 신효정의 "해방 뒤 좌우이념의 갈등 속에서 방황하다 죽는 한 지식인의 삶을 그린 『관부연락선』, 제1공화국을 해부한 『산하』, 5·16 쿠데타와 제3공화국의 부당성을 비판한 『그해 5월』, 일제 말부터 휴전협정까지를 무대로 민족 분단이 빚어낸 주인공들의 비극적 삶을 묘사한 『지리산』 등…."이라는 평설, 그리고 김윤식 교수의 "『토지』 앞에 『혼불』, 『토지』 옆에 『지리산』이야말로 지리산을 다룬 3대 대하소설…."이라는 종합적 강평은 모든 작가와 독자들이 새겨들어야 할 이병주 문학의 본령이라 할 것이다.

(2) '한국의 도스토예프스키' 이병주의 파란만장한 전반기 인생력; 문단 데뷔 이전의 이병주 선생의 사상적 이념적 방황과 행각기 들여다보기

이처럼 이병주 선생의 소설과 '이병주'라는 작가人間에 자꾸만 끌려들어가는 마력 앞에 '이병주의 문학과 인간'이라는 키워드는 필자의 뇌리에 단단히 못 박힌 검색어로 장착裝着되고 말았다. 그리하여 잇따라 쏟아져 나오는 이병주 선생의 방대한 양의 장·단편 소설과 수상隨想은 시간에 쫓기면서도 독파하게 마련이었고, 동시에 이병주 저작물 수집 목적의 신·고서점 나들이 횟수도 빈번해졌을 뿐만 아니라, 이에 소요되는 비용 지출도 늘어만 갔다. 또 이때부터 자연히 필자의 관심은 이병주 인생의, 특히 전반기 인생의 행각기 추적으로 초점이동 된다. 작품과 사상적 배경의 근원지根源池 탐색 목적의.

그러한 과정에서 필자가 탐색해 낸, 이미 사전류나 문단사 지면을 통해 자세하게 피로되어 있는 작가의 공식적, 비공식적, 일화적 성격의 전반기 인생역정기는 출생과 성장→초중고 대학 과정의 수학기→학병 동원으로 중국 전선에 출정→해방과 귀환→해방 후 각급 학교에서의 교사와 교수 생활→해방 직후와 6·25 동란기 전후의 이데올로기 대격전기의 와중에서의 좌우협공 속의 아슬아슬한 곡예사적 처신과 힘겨운 생잔 투쟁→무소속으로 고향 하동에서 제5대 민의원 의원 선거에 출마하는 등의 정계진출 시도→국제신문 주필 및 편집국장으로서의 언론인 생활→국제신문 필화사건으로 인한 15년형의 징역형 선고와 서대문형무소에서의 2년 7개월간의 감옥 유폐생활까지의, 총천연색 색상의 씨줄과 날줄이 수없이 꼬이고 얽힌 실타래 인생, 하마터면 그 오랏줄에 얽혀 목숨부지마저 보장받지 못했을지도 모를 리스크와 스릴^{허다한} 함정과 덫로 가득 찬 험난한 인생이었다.

이처럼 그의 행각기 추적에서 드러난 다양한 이력과 수많은 일상적 일화들은 그야말로 '이병주 백과사전' 한 권쯤 엮어내야 할 만한 방대한 분량의 것이지만, 잔가지 다 쳐내고 굵은 가지 몇 개만 추려내어 보면, 본격적으로 소설을 쓰기 전까지 그는 여러 대학에서 불문학을 강의하기도 하고 언론인으로 전신한 후에는 국제신문 편집국장, 주필 등으로 '명쾌한 문장을 구사하여 춘추의 필법을 휘두르기도' 하고 5·16 군사혁명 후 필화사건으로 2년 7개월 간의 감옥생활을 한 후 가석방된 후에는 외국어대, 이화여대 강사 등을 역임하기도 하는데, '이 3년 가까운 감옥 체험을 토대로 그의 사상과 문학관을 소설로 승화시킨 것'이 바로 그의 데뷔작으로 알려진 〈소설 알렉산드리아〉로서, 이 시기를 전환기로 그는 오랜 기간의 이념적 방황을 청산하고 '한국의 도스토예프스키座'에 착좌하는 것이다.

또 그의 소설은 거개가 1940년대부터 1960년대까지의 20년 동안의 그가 체험한 한·중·일 삼국의 국경공간에서의 현장체험을 바탕으로 하고 역사와 실화를 배경으로 하고 있는, 그러면서도 이념적 요소가 강한 자전적이거나 반자전적 소설이라는 등의 평을 받고 있는데, 이와 관련성 있는 그의 문학적 삶의 연대기나 일화들 속의 멋있는 몇 가지 씬들, 그 호협한 성품과 광대무변한 크기의 종잡을 수 없는 형체와 색상의 지적 담론과 해학으로 수많은 독자와 지지자를 모으고, 각계각층의 거물급 인사들과 종횡으로 교우관계를 맺었다는 등의 일화들은 고난과 시련에 가득 차 있으면서도 멋있고 화려하고 아름다웠던 그의 인생역정을 이병주 추종자들에게 보여주고 있어 더없이 즐겁다는 생각이다.

이러한 탐색과정에서 밝혀진 이병주의 인간과 문학상文學像을 이병주문학 비평가들의 정의를 빌려 정의해 보면, "그는 태양에 바래진 역사와 실화를 월광으로 물들여 수많은 신화의 명주실들을 작품 속에 뽑아내는 묘기를 부리기도 하며" 김종회 교수, "그의 방대한 체험과 다방면에 걸친 해박한 지식이 계속 생산해 내는 웅대한 스케일의 서사시"가 이병주 문학의 본령이고이광훈 문학평론가; 전 경향신문 논설위원, "지성적 작품으로 문학의 철학성을 보여준 작가 이병주는 『남로당』 『관부연락선』 『지리산』에서 이 땅의 좌파 지식인들이 가졌던 고뇌와 갈등 투쟁을 진지하게 추적하는" 작가였던 것이다신효정 시인.

그러나 그러한 추적과정에서 무수히 뻗은 울창한 가지들 속의 유별나게 굵고 길어 보이는 튼튼한 한 가지枝. '이병주 인생역정 소나무'의 울창한 한 가지에 시선이 머문 필자의 관심은, 거대한 변혁기의 우리 언론사와 사상사건사에서 한때 세인의 지대한 관심을 모았고, 이병주 인간이력서의 전환기적 분수령을 이루고 있다 할 '국제신보 주필 및 상임논설위원 사건'이라는 한 '이념성 사건'에 지대하게 쏟아지게 된다. 이 사건에 대한 검증이야말로 이병주 문학과 사상의 근원 탐색의 길잡이가 될 터인데, 그것은 또한 진부와 관계없이 항상 이념적 갈등의 중심에 서 있으면서, 이념적 사고와 행동의 표상인선도자처럼 여겨져 왔던, 때로는 오해에 의한 것이기도 하고 모함에 의한 것이기도 했을, 이병주 인생의 이념적 좌표점을 정확하게 포착해 내는 작업이 되기도 할 것이라는 전제에서이기도 하였다. 결론을 앞세워 말한다면, 이병주는 이 사건을 계기로 그의 전반기 인생을 끈질기게 따라다니며 옥죄었던 이념적 덫과 밧줄의 질곡에서 놓여나 '도스토예프스키적 문학로'를 질주하는 새로운 문학인생의 길로 들어서게 되기도 하지만.

그러나 그뿐, 그와 관련된 증빙문건 발견에는 오랜 세월이 걸렸다. 필자가 그간 얻어 들은 사건 관련 소문이나 주변 인물들의 단편적인 증언으로 모자이크적 상상력의 주변을 맴돌고 있을 뿐이던 '국제신보 주필 및 상임논설위원 사건' 전모의 구체적 추적 작업은 마침내 첫 관심 집중 후 4반세기 만인 2006년의 어느 날 청계천의 한 단골 고서점에서 상태 양호한 표제의 서적『중립의 이론』을 상당히 저렴한 가격으로 구입함으로써 기旣소유의『한국혁명재판사전3권』와 함께 오랜 소원이던 증빙자료 확보의 큰 관문 하나를 넘게 되는 것이다.

(3)『중립의 이론』이라는 책자

그러면 필화사건의 전제가 되는 이 책의 특징이 무엇이며 어떤 점이 문제가 되었던 것인가를 알아보기 위해서 우선 작가 이병주를 2년 7개월간의 감옥생활 등, 상당기간 고난의 '수양 수련기'로 몰아넣었던 이 '국제신보 주필 및 상임논설위원사건'의 주인공 역할을 해낸 문제의

『중립의 이론』, 샛별출판사, 1961

책자『중립의 이론』의 서지적 소개가 필요할 것이다.

(가) 판권지에 나타난 서지사항

『중립의 이론』 국제신문사 논설위원 일동 함께 지음. 샛별출판사 총

판. 1961년 4월 25일 펴냄. 지은이 이병주국제신문사 논설위원실 대표. 편 데

국제신보사 출판부. 값 1,000환.

(나) 목차를 통해 본 책자의 내용 구성

제1편; 이론

제1장; 중립의 형식. 제2장; 중립의 내용. 제3장; 중립의 역사. 제4장;

중립의 여러 나라.

제2편; (자료1); 지금까지의 통일방안 및 기타 자료

제3편; (자료2); 통일방안의 모색을 위하여

(a). 통일 독립공화국에의 길; 金三奎전 동아일보 편집국장

(b). 통한에 대한 호소; 金龍中워싱톤 소재 한국문제연구소장

(c). 전국 대학생 시국토론대회 입선 논문

중립화는 환상이 아니다중앙대;박점수

대중은 좌익도 아니고 우익도 아니다부산대;정주수

'이데올로기'의 분열을 초극하자경북대;金泰元

남북통일은 이렇게건국대;鄭正燮

(d). 조국의 부재이병주

(e). 통일 촉진을 위한 제언김용중

(f). 한국 중립화는 가능한가; 김삼규 씨의 이론을 중심으로趙淳昇

(g). 중립화 통한론을 해명한다김삼규.

*필자 소개란에는 이렇게 주(注)를 달아놓고 있다.

김삼규; 전 동아일보 편집국장으로서 이李정권의 탄압을 피하여 일본으로 망명하였다가 4·19 후 귀국하였으나 일본으로 돌아간 후 다시 입국 못하고 있다.

김용중; 워싱턴 소재 한국문제연구소장 김용중씨는 11월호의《한국의 소리》지를 통하여 한국의 지도자 및 일반 국민이 다같이 통한문제를 신중히 고려할 것을 촉구하고 있는데, 그의 상기의 논설은 동지에 실린 '통일에 대한 호소'를 전역한 것이다.

이 책의 성격을 간단히 요약하면, 4·19 이후 봇물처럼 민간에 터져 나왔던 남북협상을 통한 평화통일론, 특히 국내적, 국제적 사정에 비추어 실현 불가능한 중립화통일론을 주창함으로써 결과적으로 일반 국민들에게 '용공사상을 고취시키는' 내용을 담고 있어판결문 중, 후일 국법의 취조 대상이 되기까지 한 책이라는 것이다.

편자가 '국제신문 논설위원 일동'이라는 식으로, 의도적으로 그렇게 했는지는 몰라도 집필 책임이 불특정의 다수인에게 은폐 분산되어 있기는 하지만, 그런대로 본문 구성이 구체적 이론적 논거의 틀을 갖추고 있는데다, 중립화 통일과 관련한 세계사적 진행 경과와 국제정치학적 함의를 상세하게 논술하고 있으며, 다수의 기성 논객과 신진 대학생들의 논설을 싣고 있고 중립화 통일과 관련한 다양한 의견 수렴의 절차도 밟고 있는 등, 얼핏 보아 대신문사의 '정치·정책'성 기획출판물로서는 그런대로 시의성時誼性과 신선감 신뢰성을 안겨주는 것 같기도 하여 무작정 색안경을 쓰고 들여다보려는 '예단의 우'를 범해서는 안 될 것이란 생각이 드는 것도 사실이다. 그럼에도 불구하고 당시 이 책자의 발간 행위나 책자의 주요 내용이 헌법적 질서하의 실정법 저촉 행위가 되었던 점을 간과하고 넘어갈 일은 아니지만. 따라서 문제가 된 이 책자 속의 한국사회 구조, 성격 분석과 중립화 통일과 관련한 필자이병주 선생 개인의 기명 논설과 중립화 통일론과 관련한 본문 내용 등의 사상사적 법률적 검증 기회는 당시의 시각과 오늘날의 시각의 변증법적 통합의 시각에서 한 번 주어져야 할 필요가 있다는 전제하에, 필자는 다만 출판사적, 출판사상사적, 출판사회학적 시각에서 이 책자의 문제점을 들여다보려고 하는 것이다.

　이런 전제하에 이 책자 발행 전후의 국내외의 정치 사상적 동향과 관련하여 유추해 볼 때, 이 책자의 발간 행위가 반세기가 훨씬 지난 오늘날의 분단한국의 이념수위와는 180도 차원이 다른 이념적·출판사적 의의를 가지고 있음은 물론이요, 이 책자 관련 사건이 당시의 '사상·이념 시장'에 엄청난 사회적 파장과 후폭풍을 몰고 왔던 사실을 이 시대의 연구자나 논객들이 간과해서는 안 될 것이란 생각을 떨쳐버릴 수 없겠다는 생각이다. 한편으로는 요즘 우리 사회에 만연하고 있는 '우리 민족끼리…'식의 나이브하고 유치찬란한 소아병적 충동심, 좋게 말해 '무분별한 통일조급증'의 원인행위의 한 근원으로도 볼 수 있는 사건이었다는 성찰적 고민과 함께….

　그런 의미에서 이 책자는 4·19~5·16까지의 1년 남짓한 국가이념 해이기에 이 땅에 난무했던 무분별한 비이성적 탈법적 체제부정적 환상적 통일 논의와 무정부적인 국가 해체 목적의 체제전복 운동의 실체와 이력의 사상적 배경의 일단을 여실하게 보여주는 일차적 증빙 문건이 되기에 충분하다고도 할 것이다. 요즈음의 '우리 민족끼리…'의 구호처럼 선·악의의 무분별한 통일의지가 넘쳐났던 '주의자'들이 앞다투어 당시의 조야 간에 가장 꺼리고 기피했던 국가적 사회적으로 채 검증·합의 안 된 껄끄러운 중립화 통일론 등을 주창하며 선동하고 나왔던 그 전철을 반세기가 지난 후세인들이 또 다시 밟는 우를 범해서야 되겠느냐 하는 준엄한 채찍의 교훈을 담고 있는….

　이상의 논지가 출판사적, 출판사상사적, 출판사회학적 시각에서 『중립의 이론』을 들여다본 필자의 총론적 독후감이다각론적 담론은 보다 꼼꼼한 학술적 검증이 필요하겠다는 전제 하에. 여담이지만 이 책이 5·16군사혁명을 코앞에 둔 1961년 4월 25일자 발행이므로 과연 서점 배본 20일 남짓한 기간 동안 몇 부나 팔렸을까 하는 호기심과, 이 또한 '통큰' 추측이지만, 직간접으로 교제가 있었을 부산군수기지사령관 출신의 박정희 소장의 눈에 어떤 모습으로 비쳤을까 하는 호기심이, 훗날의 혁명정부의 대북 반공정책과 관련하여 작동함을 어쩔 수 없다. 그리고 필자가 이 책과 관련한 필화사건의 전모를 그런대로 추적할 수 있었던 것은 국가 공식 문서인 『한국혁명재판사제3권』를 통해서였는데, 이로써 이병주 선생 문단 데뷔 이전 인생 이력의 큰 가지 하나에 대한 호기심은 대충 풀린 셈이다.

(4) 무엇이 문제가 되었던가?

이 『한국혁명재판사』에 의하면, 이병주 선생의 신병과 사상을 얽어 맸던 2대 혐의점은 책자 전체의 내용을 문제 삼은 데 있는 것이 아니고, 〈조국의 부재〉라는 이병주 기명의 수상적 논설문의 일부 내용의 문제점과 본 책자의 서문 집필과 관련한 저자대표주필로서의 직무상 책임이 추궁당한 것으로 되어 있다.

『중립의 이론』에 실린 이병주 주필 기명의 논설문〈祖國의 不在〉

　　본 책자 136~145페이지에 실린 〈조국의 부재-국토와 세월은 있는데 왜 우리에겐 조국이 없는가〉라는 논설문은 '국제신문 주필 이병주'라는 기명으로《새벽》지 1960년 12월호에 실렸던 것을 전문 전재한 것인데, 필자가 읽어본 바로는, 한국의 4·19 이후의 분단국가로서의 현실을 사회경제사적 관점에서 분석, 그 모순점을 도출 강조하면서 한국사회의 구조적 혁명적 개혁과 통일특히 중립화 통일론에 입각한 의지의 고양 확산을 주창하고 있는데, 오늘의 시각이 아닌 50년 전 그 당시의 시각에서 볼 때는, 한국사회 모순 지적 등의 시각과 논법이 상당히 과격한 데다가 중립화 통일론 역시 그 순수한 통일 의지와는 상관없이 국법질서와 분단현실을 무시한, 지나친 이상론으로 치달은 것이어서 당연히 '국보법-반공법' 수준의뒤에 나오지만 이병주 주필의 공식 죄명은 '특수범죄 처벌에 관한 특별법'(군사혁명재판부에 의한) 위반 실정법 위반 혐의를 받을 만한 여지는 충분히 있었을 것이라는 생각이다.

또 이 책자의 서문에 해당하는 〈통일에 민족역량을 총집결하자 — 서문에 대신하여〉라는 권두언은 국제신보 1961년 1월 1일자의 연두사를 전재한 것인데, 집필자 이름이 말미에 '…1961년 원단 국제신보사 논설위원실 공식'이라고만 되어 있을 뿐이어서 어느 특정인에게 문책文責을 할 수 없는 형식으로 되어 있으나 이 또한 이병주 주필이 집필한 것으로 밝혀져 2대 혐의점의 한 골격을 이루고 있는 것이다.

결국 이병주는 '특수범죄처벌에 관한 특별법' 위반 혐의로 공범자인 제자 OOO 상임논설위원과 함께 1961년 10월 3일에 기소되어 1961년 12월 7일 징역 15년형을 선고받고 상소하는데 상소심판부에 의해 1962년 2월 2일 상소기각 판결을 받고 서대문형무소에 복역 중 2년 7개월 만에 가석방 되어 자유의 몸이 된다.

참고로 문제가 되었던 판결문의 주문의 일부를 발췌해 보면 다음과 같다.

(1) …〈조국의 부재〉라는 논설문에서 "…국내적 국제적 사정에 비추어 실현불가능한 것이라는 것을 번연히 알면서도 중립화 통일론을 주장하고…."

(2) …이병주는 OOO이 주장하는 『중립의 이론』이란 책자 발간에 찬동하여 공소 외 한OO 김OO 등과 상호 합동하에 1961년 4월 25일에 동 책자를 발간하여

(a) "…차선의 방법으로 대한민국의 국내적 국제적 상황에 비추어

실현불가능한 것이라는 것을 번연히 알면서도 중립화 통일론을
주장하고….''

(b) "…라는 내용으로 대한민국과 북괴를 동등시하고 남북협상을 통
한 평화통일을 주장할 뿐 아니라 공산통일이면 어떻단 말이냐고
의 늡 호소하고… 하여야 한다는 늡의 내용을 피고인 이병주가
집필한 것을 회동하여 敍上 책자에 게재하고 동 책자 3,000부를
발간 반포함으로써 일반국민에게 容共思想을 선전선동하고….''

PART 16

한국의 농촌 갱생
– 구국운동의 선도적 지침서
『새歷史를 爲하여; 덴마크의 교육과 협동조합』
;이 책 한 권으로 우리는 잘살게 되었다

새歷史를爲하여

덴마아크의 敎育과 協同組合

서울大學校農科大學副敎授　柳達永著

『새 歷史를 爲하여』柳達永(서울대학교 농과대학 부교수), 著. 서울 敎學社
(서울시 중구 소공동 74번지). 4287(1954). 2.15 발행. 282p. 정가220환(圓)

서울 敎學社 발행

(1) 까까머리 고교 신입생들에의 권장 필독도서
심훈의 『상록수』와 유달영의 『새歷史를 爲하여』

    필자가 고등학교에 갓 입학했던1960년 4·19 나기 바로 한 달 전, 소년티가 채 가시지 않은 프래쉬맨 시절의 까까머리 후배 신입생들에게, 집안의 큰형님보다 무섭기도 하고 다정해 보이기도 하는 문예반이나 4H … 클럽의 상급생 지도 선배들이 각 교실을 돌며, 특별활동 클럽 소개와 함께 으레 권장한 필독서는 심훈의 『상록수』와 유달영 교수의 『새歷史를 爲하여』였다.

    전 국민의 7할이 농민이고, 또 입학생의 7할이 농촌 출신이고 보니, 부모님들이 일 년 내내 뼈 빠지고 허리 휘어지게 일해도 가난과 무지에서 벗어나지 못하고 있는 후진 농업 빈국 신세의 농촌 출신 학생들은 교과서 이외의 여가 교양서로 반드시 농촌 부흥운동 관련 서적인 이 두 권의 책을 읽고 학농學農 겸업의 예비 농업 일꾼으로서의 단단한 정신무장을 해야 한다는 취지에서였다.

    경우와 처지는 좀 다르지만, 민주화운동 최극성기였던 1980년대의 대학 신입생들이나 공단의 근로자들이 '운동권 초년병 진입' 시절 으레 읽어야 했던, 이를테면 백기완·박현채·리영희·문익환·송건호·박노해 등의 MT용 이념서나 문예서들, 혹은 반국가적체제부정적 악성 선전선동성 지하 유인물에 흠뻑 빠져들었듯이, 물질적 정신적으로 척박했던 '무지와 가난과 질병'의 총체적 빈핍 시절의 감수성 예민한 청소년들에게 이 두 권의 책은 빠트릴 수 없는 '최우선 선택 순위'의 필독도서일 수밖에 없었던 것이다. '농촌을 살려 하루 속히 가난과 무지와 질병의 후진국 상태에서 벗어나자!'는 농촌 부흥 의지 불타는 신념과 각오와 용기 배양을 염두에 둔….

그러나 선배들의 권유를 받고 부리나케 도서실로 달려가 보니, 기다리는 것은 상급생들이 하도 많이 읽어서 낡아 표지가 군데군데 떨어져 나가고, 본문지가 바스라져 너덜너덜 해어지고 찢겨나간 자국투성이인 1~2권 정도의 고물 책뿐. 그것마저 사전예약으로 순번대기 끝에, 몇 달 만에 겨우 대출을 받아 밤새워 읽으며 감격과 흥분에 젖었음은 물론이다. 그나마 쉽게 차례가 돌아오지 않아 헌책방을 헤매다가 운 좋게 구입해서 급우들과 돌려가며 읽어야 했던 학생들은 또 얼마나 많았던가.

그리고는 두 손을 불끈 쥐고 두 눈을 부릅뜬 굳센 각오와 다짐의 정신무장들…. 우리도 30년 전의『상록수』의 주인공 최용신과 박동혁처럼, 그리고『새歷史를 爲하여』에 나오는 150년 전의 황무지 가난 국가注1 덴마크의 국토 부흥, 농촌갱생 운동의 선구자적 주인공들처럼, 개척과 갱생정신으로 굳게 뭉쳐 한국의 농촌을 일으켜 세우자는 다짐과 각오와 맹세들이었다. "우리도 농촌으로 돌아가자! 『상록수』의 주인공들처럼 가르치고, 『새歷史를 爲하여』가 귀띔해 주는 덴마크 부흥운동가들에게 배우고 궁리하여 실천하자! 우리 자신들 외에 도와줄 사람은 아무도 없다." 그렇게 다져진 각오들이 1950~60년대 한국 청소년들의 브나로도운동-농촌계몽갱생운동 — 학농學農 연대운동으로 번져갔음은 물론이다.

나이 들어 세상 물정 알 만큼 알게 되었다고 자부하는 필자가 50년이 지난 지금에 와서 돌이켜 생각해 보면, 이 두 권의 책, 특히 시급한 농촌부흥운동의 필요성과 당위성을 구체적 사례와 선구적 체험들을 예시하며 절절하게 호소한 '한국의 달가스注2이며 그룬트비히注3'인 유달영 교수의 『새歷史를 爲하여』는 저 이조시대 국난극복과 서민구휼-농촌갱생 운동의 지침서가 되었던 『난중일기』『징비록』 등의 전란 회고록이나, 『목민심서』『농사직설』『구황촬요』『산림경제』『동의보감』 『북학의』 등의 '강한 조선을 꿈꾼' 이용후생의 실학서들과 감히 어깨를 나란히 할만한, 5,000년 우리 역사에 길이 남을, 근세에 드문 명저, 민중교화서요 서민구휼 지침서요 국난극복서요 경세치용의 실존적 실용적 삶의 지침서이며 국가 경륜서라는 확신감을 떨쳐버릴 수 없겠다는 생각이다.

(2) 가난과 무지와 병마에 신음하던태평양전쟁과 6·25동란

전후戰後 1950~1960년대의 비참했던 한국 농촌사회

세월이 흘러, 지극한 물질적 풍요와 다양한 문화적 혜택의 홍수 속에, 자칫 지난날의 아프고 쓰라리고 춥고 배고팠던 1950~60년대 시절의 누추와 기아와 가난과 병마의 고통과 참상을 잊어가고 있는 '이기적-향락적 품성'의 풍요시대 주인공들의 눈에는,『새歷史를 爲하여』라는 낡고 헐고 초라한 지질과 촌스러운 장정의 책자는, 이제 우리의 '도서사圖書史 — 출판사상사'에서 '시대적 역할을 다해 뒷방의 고서 서가에나 던져 넣어 둘 노인네…'정도의 용도 폐기 대상 품목 정도로 평가절하 해 버릴지 모르지만, 이러한 류類의 책의 출판을 심중心中 은근하고 애타게 고대하던 절체절명의 생존투쟁의 총체적 고난 시절에야말로, 이 책의 출현은 그야말로 '…년 가뭄 끝의 단비' 정도가 아닌, 3천만 도농都農 한국인 전체의 고대하고 고대하던 구세주요 성경책이요 찬송가였다. 그러니『새歷史를 爲하여』야말로 위에 든『징비록』이나『목민심서』등과 같은 국난극복 사례의 모범 도서들처럼, 우리의 초, 중, 고, 대학의 교과과정에 영원토록 필히 필수교양의 '역사 징비서懲毖書'로 강의하지 않으면 안 될 '國格圖書'가 되어버린 것이다.

그러면 1954년 당시 왜 이 책이 그처럼 고대하고 환영받고, 출간된 지 얼마 안 되어 곧바로 26쇄刷까지 찍어 내야 하는 한국 출판사, 지성사 공전절후의 베스트셀러가 되었던가 하는 시대적 배경의 천착과 음미가 필요할 터이다.

당시의 한국사회 전반-특히 농어촌 사회는, 고스란히 물려받은 36년 간의 일제 치하의 수탈형 식민지 경제체제의 유산과 바로 2~3년 전에 치렀던 6·25동란의 전쟁 피해로 그야말로 최악 상태의 생존고에 숨차 하며 허덕이던, 정치적 경제적 사회적으로 총파탄의 나락의 늪에 빠져 허우적거리던, 국가존망을 예측할 수 없던 '지옥'의 시절이었다.

또 구체적 실존적 삶의 환경과 수준이란 것도 1930~40년대의 그 비 참했던 저 '심훈과 최용신의『상록수』시절'의 규모와 질량을 조금도 넘 어서지 못하고 있던 '저능아 수준'의 것으로, 조상전래의 무지와 인습 과 질병과 가난으로 채색된 '버림받은' 농촌이었으니, 도농 인구 3대7 비율의 전통적 농본국가의 한국 농민들은 해마다 절량농의 보릿고개 철을 되풀이하며 아사지경만 겨우 면할 뿐, 보리 대對 쌀 7대3 비율의 곡식밥은 중농 이상의 농민들이나 겨우 먹을 수 있을 뿐, 하층 농민들 은 밀밥, 수수밥, 조밥, 피밥, 고구마밥, 무밥, 송키밥, 나물밥이나 멀건 보리죽이 고작이요, 보리밥도 제대로 먹기 힘든 시절이었다.

이에는 상호복합적으로 얽히고 꼬인 여러 가지 원인이 있겠지만, 하천 제방, 저수시설, 농수로의 취약한 설비 등에 기인한 천수답 농작 위주의 농사가 태반인 데다가, 원시적이라 할 농작업 도구소, 쟁기, 호미, 쇠스랑, 괭이, 낫, 작두, 똥(오줌)장군와 병충해 대책의 미숙, 그리고 지체한 이 조시대적 수준의 농작 기술품종 개량이나 육종 기술 개발의 지체 답보에 의한 고질 적인 생산성의 미진 답보상태의 반복과, 퇴비와 인분 말똥 닭똥 소똥 개똥 수준의 재래식 거름에만 의존하여 소와 말처럼 지게와 인분통에만 의 존하여 농사를 지을 수밖에 없었던 데 원인이 있었고, 또 그것이 기하 급수적 인구증가의 속도를 따라잡을 만한 농업기술의 발달과 농업 생산력의 증가를 방해한 데서 오는 가난이었다 할 밖에.

　그러니 보리밥 먹는 것만도 감지덕지, 일 년 내내 비린내 나는 생선 토막이나 육고기 한 점 구경하지 못하고 조상님 제사상에도 조기 한 마리 못 올려놓는 형편임은 물론이요, 춘궁기 구황사업으로 관에서 실시하는 하천 제방, 농수로 보수 작업에나 하루 종일 불려 나가 노동한 품삯으로 밀가루나 한 됫박 받아 와 양이나 많으라고 수제비를 끓이거나 밀개떡 쪄서 10여 명의 식솔들이 허기나 면하는 것이 고작이고, 그나마 차지가 안 돌아와 굶주림을 참다못해 살길 찾아 도시로 떠나야 하는 이향 유리민 신세로 전락해야 하는 원천적 결핍과 총체적 고난의 시절. 이것이 『새歷史를 爲하여』라는 바이블이 나와 주어야만 했던 1950년대~60년대 초반의 한국 농촌사회의 저주스런 궁핍의 삶의 모습이었던 것이다.

　또, 의료혜택은 어떠했던가?

　못 먹어 누렇게 뜨고 부황기 솟아 비틀거리고 칭얼대는 부녀자나 소아들, 마소처럼 농작기계 아닌 '인간 노동기'가 되어 저수지 쌓고 황무지 일구고 농로 닦고 거름 져 나르고, 벼 보리 베어 나르고, 탈곡하느라 뼈 빠지고 허리 부러지고 다리 다치고 손 발 베이고이런 때는 쑥찜이나 침술 치료가 고작이고 만성 위장병이나 탈장이나 맹장염이나 젖앓이 등의, 장기치료나 당장 수술을 요하는 위급한 중병에라도 걸리면, 없는 돈 있는 돈 긁어모으거나 장리빚 내어 읍내에나 겨우 한 군데 있을 정도인 병원에 지게에 업히거나 손수레로 실려나가 겨우 목숨이나 건지고, 그도 못하면 무당 불러 굿하거나, 죽을 날 기다리며 그 자리에 앉아 병마와 싸움하다 죽어야 하는 것이 당시 우리 농촌사회의 보편적 수준의 의료실정이었던 것이다.

오죽했으면, 원로 소설가 고 김정한 선생이 그려낸 〈畜生道〉란 단편소설의 주인공처럼, 실제로 돈 없어 병원 문턱에서 쫓겨나 운 좋게? 지각 있고 온정 있는 한 가축병원 수의사에게 종양 제거 응급수술을 받고 목숨을 건져야 하는 현실적 정황을 참작하여 당국에서도 의료법 위반 행위를 묵인해 주었던 사람들이 꽤나 있었던 시절이 바로 이때였던 것이다.

입고 신는 의복과 신발의 초라한 후진적 비참성이야 더 말할 나위도 없다. 엄동설한의 한겨울에도 홑옷 차림의 치마 바지 저고리 일복노동복과 나들이복 겸용과 짚신 감발고무신만 해도 부러움의 대상 차림의 상거지? 꼴. 그러니 손가락과 발가락 모두 동상과 무좀으로 반쯤은 문드러진 상태였던 기억이 생생하게 남아 있다. 이 모두 당시 한국인들 보편적 수준의 삶의 질이었음은 물론이다.

이러니 무슨 일인가 벌어져야만 했다.

한국사회와 한국인들의 생의 진로를 가로막고 우뚝 버티고 서있는 커다란 바윗돌, 상시적 가난과 만성적 질병이라는, 한국 농촌의 구조적 고통의 진원암岩+癌 두 덩어리를 치워야만 했다. 무슨 수를 내어야만 했다. 결론과 각오와 목표는 뻔했다. 부패하고 무능하기만 했던 한편으로는 국력이 따르지 않아 힘에 겨워 그럴 수밖에 없었을지도 모를 정부나 위정자들만 믿거나 나무라기만 하고 있을 수는 없었다.

농촌으로 돌아가자! 맨발 벗고 곡괭이 메고 들어가 자갈밭도 일구고 물길도 파고 제방도 돋우고…, 농촌을 일으켜 살려내자! 그러려면 한국 농촌 피폐의 구조적 원인과 재건의 구체적 처방을 알아낸 다음에 덤벼야 한다. 그 목표와 진로를 처방해 줄 농촌지도사, 농업설계사는 없는 것인가. 이러한 농촌사회와 농민들의 애타하는 절규에 응답해 준 광야의 메시아, 바이블과 찬송가가 바로 유달영 교수의 『새歷史를 爲하여』였다.

자신들의 부조父祖가 바로 그 가난과 질병과 무지의 당사자요 주인공이었던 대학생과 고등학생들의 농촌 부흥운동의 각오와 결심이 서서히 불타오르던필요성을 절실히 소망하고 있던 시절이기도 했던 이때에 알맞게 그 불같은 개혁의지에 확고한 지침과 방향을 제시해 준, 눈뜬 채 한탄만 하고 있는 속수무책의 농촌사회와 무지렁이 농민들에게 '힘차게 일어서라'고 채찍질하는 경각심의 소리가 책갈피 안의 행간 요소요소에 끼어 있는, 농촌과 농민운동에 관한 한 심훈, 최용신과 함께 영원한 상록수 인생의 길을 걸어 온 유달영 교수의 5천 년 역사의 한국사상 만고의 명저 『새歷史를 爲하여』는 이렇게 태어난 것이다.

(3) 구원의 손길로 뻗어온 한국 농촌갱생운동의 희망찬 견인서牽引書
『새歷史를 爲하여』라는 책; 나락의 벼랑에서
신음하던 한국인에게 던져진 구원과 재생의 메시지

『새歷史를 爲하여』는, 이 책을 집필할 당시6·25전쟁 진행 중의 한국사회의 비참상과 종전 후 대두해 올 것으로 예견되는 전재 복구사업, 그리

고 전 인구의 7할이 농업과 농업생산물에만 의존해야 했던아직껏 1년 농
사 하나가 태평성세냐 난세냐 여부를 결정짓기도 하고 치자의 치적을 판가름하며 국가
의 운명을 가름하기도 하던 농본국 시대 수준의 한국 농촌사회 부흥운동의 필
요성과 그 구체적 실천 방안을, 세계사적으로 우리와 너무나도 처지
가 비슷했던내우외환의 국난에 지쳐 있던 모래와 자갈과 바닷바람 투성이의
150년 전의 유럽의 조그만 황무지 반도 국가 덴마크의 사례에 비견하
면서, 덴마크 민중들의 황무지 개간을 통한 농경지 확장과 국민고등학
교 교육운동을 통한 국민성 체질개선 운동과 협동조합 운동을 통한 국
난 극복, 국력배양 성공 사례의 구체적 계획과 실천 방안을, 한국 농촌
사회 갱생 부흥운동의 모델로 삼기 위해 집필한 책이다.

이 책을 읽어 보면 150여 년 전의 황무지 반도 후진국가 덴마크와 전
란에 시달리고 있던 반도국가 한국의 인문 지리적 환경이 어찌 그리
도 유사한지, 또 국난극복의 구체적 사례들이 한국사회가 지향해야 할
미래 구도 설계와 어찌 그리 유사한 선행사례의 적합한 모델인지를 알
수 있다. 우선 저자의 모델 설정의 정확한 포착력에 감탄하지 않을 수
없다.

전 12장으로 구성되어 있는 이 책의 중요한 목차를 발췌해 보면, 저
자가 중점적 교훈으로 삼으려 했던 부흥 개발의 아이템과 우리 실정에
맞추어 접목해 배워 실천해야 할 노하우의 우선성을 확연히 알 수가
있다.

(1) '덴마크'로의 지향
(2) 절망의 바닥에서; 덴마크의 국토와 자연, 전락轉落의 역사

『새歷史를 爲하여』가 발간된 후, 앞다투어 경쟁적으로 쏟아져 나왔던 덴마크 부흥운동 관련 서적들

저자는, 독일 북쪽의 유틀란드 반도와 작은 섬들로 구성된, 43,000평방 킬로우리나라의 평안남북도 정도의 면적의 면적과 인구 425만 명1950년 당시의 작은 왕국 덴마크의 주변 강대국들에 의한 수세기에 걸친 수십 차례의 피침의 역사와 황무지 개척의 역사적 경과와 그 선구자들그룬트비히와 달가스와 콜트注4 등, 잘사는 나라로 탈바꿈하게 되는 덴마크의 국세國勢, 그리고 덴마크 부흥운동의 원인과 결과로서의 덴마크 특유의 협동조합 운동, 국민고등학교 운동 등을, 덴마크의 근현대사와 농촌의 궁핍상이 너무나 닮은 한국의 농촌부흥운동을 통한 국난극복 운동의 모델로 삼아 배우기를 은근히 기대하면서, 이와 관련한 여러 가지 통계 숫자와 구체적 사례들을 농학자다운 이과적理科的 분석력을 동원, 깨알같이 상세하게 기술하고 있다.

결론을 앞당겨 말하는 것 같지만, 목차에 나와 있는 대로 때로는 관 주도의, 때로는 순수 민간 차원의, 또는 관민 협동으로 진행된 덴마크식 개발 모형과 유사한 농촌 - 국토 개발운동이 우리나라에서도 전개되게 되고 또 그것이 후일의 5·16 전후의 관민 합작 혹은 순수 민간운동으로서의 국토개발 - 농촌진흥운동과 후일의 새마을운동으로 연장되는 수순을 밟게 됨을 볼 때, 이『새歷史를 위하여』의 국난극복 사례서로서의 선구자적 견인력에 감탄하지 않을 수 없겠다는 생각이다.

결국은 이 책의 내용을 모델로 삼아 한국의 청소년들도 농촌부흥 운동에 발 벗고 나서라는 호소와 농촌 개발의 구체적 지침과 방향 제시에 주된 저술 의도가 있음은 물론인데, 그러한 저자의 소망은 서문인 제1장 '덴마크로의 지향'과 결론 부분인 종장제11장 '조국을 바라보고'에 구구절절 잘 드러나고 있다.

후술하는대로, 이 책의 출판은 시의에 맞게 당시의 한국 농촌갱생 운동의 열렬한 소망과 열기에 기름을 부어주는 역할을 하게 되는데, 환도후 수원서울?에서 첫 출판된 후 순식간에 26쇄를 거듭하는 초특급 베스트셀러 순위에 오른 사실만 보아도 당시의 농촌부흥 운동에의 국민적 열망이 얼마나 간절했던 것인지를 알 수 있게 해 준다.

(4) 『새歷史를 爲하여』가 책이 되어 나오기까지의 동기와 경과, 그리고 이 책이 민족사에 남긴 정치, 사회적 후폭풍

우리 시대의 명저 『새歷史를 爲하여』가 하루아침에 갑자기 손쉽게 쓰인 책이 아님은 물론이다. 이는 길고 긴 세월 동안 재 속에 묻힌 집필 의욕이 참나무 숯불처럼 뜨겁게 그 열기를 달구어 온 끝에 불타오른 새역사 창조에의 열렬하고 찬란한 봉화불임을 간과해서는 안 된다.

저자가 회고록 『소중한 만남솔출판사; 1998년 발행』 등에서 밝힌 바에 의하면, 그가 덴마크 부흥운동사를 처음 접한 것은 수원고등농림학교 재학 시절, 과거 양정고등보통학교 은사였던 《성서조선》 발행인 김교신 金教臣선생으로부터 그의 무교회주의 신앙 스승인 우치무라 간조內村鑑三의 저서 『덴마크 이야기』를 전해 받고 부터인데注5, 학내 비밀 서클을 통해 경기도 안산의 농촌운동가 최용신과도 직, 간접의 농촌운동에 관여하고 있던 그는 운명적으로 어떤 원대한 포부와 시대적 소명감을 예감했음인지, 이때부터 덴마크 부흥사를 본격적으로 공부하기 시작했고, 이후 20여 년 간의 긴 세월에 걸친 덴마크 부흥운동 연구와 관련 자료수집을 계속해 왔다는 것이다. 마침 한국 농촌 부흥운동의 열렬한 시대적 소명감도 느끼고 있던 차에, 9·25 수복 후의 3개월간의 수원농대에서의 서울대학생 상대의 전시연합 수업시, 역사와 문화사 강의 과목으로 덴마크 부흥사를 강의한 것이덕분에 그는 내용을 완벽하게 숙지할 수 있었고, 그 덕분에 1·4후퇴 이후의 대구에서의 원고 집필 시 분실된 자료 없이도 집필이 가능했다는 것인데 결정적 계기가 되어 1·4후퇴 이후 1951년 7월에 86일간의 대구 피난지 셋방에서 47일에 걸쳐, 후퇴시 제대로 챙겨오지 못한 자료의 전무 상태에서 덴마크 부흥사를 주제로 한 이 책을 썼다는 것이다.

책의 내용과 골격을 여러 날 구상한 끝에, 종이난으로 거리에서 주워 온 광고지의 이면을 원고지 삼아 불철주야 집필에 매진, 47일만에 탈고한 초고를 환도 후 수원의 부민문화사富民文化社에서 출판일설에는, 서울 소공동의 敎學社에서 출판했는데, 순식간에 26판을 거듭하는 초특급 베스트셀러가 되어, '대통령에서부터 전 국민의 애독서注6'가 되어 한국 농촌, 농민운동의 바이블이 된 것이다. 이렇게 하여 덴마크 부흥운동의 3총사인 그룬트비히와 콜트, 달가스의 개척 정신은 성천 유달영 교수의 펜을 통해 그대로 전후 한국 청년들의 황무지 가슴에 내리꽂혀, 수많은 청년들이 이 책을 읽고 감격한 끝에 다투어 서울농대로 진학했다는 것이며, 전국 각지의 수많은 농촌운동가들이 속속 귀향운동注7을 전개했다는 것이다.

그리고 이 『새歷史를 爲하여』가 낳은 일화의 절정, 그것은 5·16혁명 후 최고회의 의장 박정희 장군이 삼고초려의 지성스런 예우 끝에 현민 유진오 박사의 후임으로 유달영 교수를 국무총리급인 재건국민운동본부장으로 초빙, 그의 농촌 부흥운동 관련 사업을 정치적 사심없이 적극 밀어 주었다는 것인데, 이는 박 의장이 일찍이 『새歷史를 위하여』를 읽고 성천의 인품과 사상을 깊이 성찰했던 까닭일 것이라고 『나라 사랑; 성천 류달영의 생애』의 저자 김홍근은 밝히고 있고, 당사자인 유달영 교수도 그와 비슷한 소회의 글을 회고록 등에서 밝히고 있다.

그리고 『새歷史를 위하여』가 점화시킨 5·16 직후의 '초기 새마을운동'은 10년 후, 새로운 규모와 이념과 플랜으로 다시 시작한 70년대의 대표적 '국가대사'의 하나인 '후기 새마을운동'의 밑거름이 되었는데, 그 후로 우리는 '우리도 모르는 사이에' 잘사는 민족이 되어버렸다고 필자는 이 책의 독후 소감의 한 구절로 기록해 남기고자 한다.

재건복 차림으로 농촌의 골목골목을 누비고 다니며 촌로들과 대화하는 유달영 본부장

유달영과 박정희 전 대통령
두 사람은 논두렁에서 신발을 벗고, 바지를 걷어 올리고 논으로 내려서면 그대로
순박한 농부가 되었다.

(注1) 오랫동안 주변국들의 잦은 외침과 저주받은 지형학적 불모지의 자연환경 속에 시달리던, 부흥운동으로 옥토로 바뀌기 이전의, 덴마크 농민들의 비참한 생활상과 자연환경을 보면, 옷은 노닥노닥 기워 입었고 신발도 없어서 맨발로 지낸 농민들이 대다수였으며, 모진 바람은 서북쪽으로 쉴 사이 없이 모래를 날려 오고, 구름은 거의 1년 내내 머리 위를 뒤덮고… 땅은 질퍽질퍽한 늪이 깔려 있고, 메마른 땅에는 나무 한 그루 감자 한 줄기 자라지 않았다(덴마크의 유틀란드 반도 북쪽의, 지금의 로열히스파크 공원 주변지역)(『새歷史를 爲하여』).

(注2) 1828년 유틀란드 지방의 황무지 촌에서 출생한 E.M. 달가스는, 36세 때 패전한 전쟁에서 돌아온 공병대령이었는데, "밖에서 잃어버린 것을 안에서 되찾는다면 우리는 살 수 있다." "이 유틀란드의 황무지를 장미꽃이 만발하는 기름진 땅으로 만들기만 하면 우리도 남부럽지 않게 살 수 있다."라는 피맺힌 절규와 호소가 담긴 구호 아래, 전쟁에서 함께 돌아 온 유지 몇 사람과 사재를 투입한 〈황무지협회〉를 조직하고 국토 개발운동을 벌인다. 처음에는 황무지에 나무심기 운동을 구상하고 연구하여 전나무 심기 운동을 벌이는데, 여러 차례 실패하지만 결국 성공하기에 이른다. 이렇게 조성한 상록수 숲들은 사납게 휘몰아치는 바닷바람을 양처럼 순하게 만들었고, 기후까지 변화시켜 여름철에도 내리던 서리가 자취를 감추게 된다. 거센 바닷바람을 막아 농경지 조성에 성공한 유틀란드 반도에는 이르는 곳마다 푸른 숲과 그림 같은 목장과 아름다운 농가가 낙원처럼 펼쳐지게 된다. 이후 〈황무지협회〉가 창설된 지 30년 만에 개척 사업은 국가사업으로 발전하여, 700제곱마일 이상의 밀림이 생겼고 360제곱마일의 늪은 150제곱마일로 감소하고 2,065제곱마일이던 황무지는 불과 270제곱마일만 남고 모두 개간되기에 이른다. 온 국민들은 힘을 합해 하천을 만들고, 지하수를 이용했으며, 좋은 흙을 파다가 거친 흙을 덮는 객토작업을 계속했다. 이처럼 피나는 노력 끝에 숲은 더욱 우거지고 농장은 기름져만 갔다(『새歷史를 爲하여』).

(注3) 덴마크의 경이적 부흥의 원동력과 그 근저는 교육과 종교이다. 세계적 불행의 대표국이던 덴마크가 오늘날 인류 최고의 농업문화 건설에 성공하고 20

세기 복지국가가 된 원동력은 덴마크 특유의 학제로 이루어진 국민고등학교에 있다. 이 제도를 앞장서 주창하고 정착시킨, 덴마크 교육의 위대한 선구자 그룬트비히(1783~1872)는 슐란드섬에서 신교 루터파의 목사의 아들로 태어나 그 자신도 목사가 되는데, 1822년에 코펜하겐의 구주교회(救主敎會)의 목사로 취임하고, 65세 때부터 84세가 되는 1866년까지 국회의원으로 활동하면서 교육 종교 산업 토지정책의 개선에 힘쓴다. 덴마크 개발, 구국운동 신화의 3총사의 한 사람으로 세계사적 존경과 숭모의 대상이 되어 있다(『새歷史를 爲하여』).

(注4) 유틀란드 서부의 시골에서 구두 장사의 아들로 태어나 겨우 2년제의 초등교원양성소를 수료했을 뿐인, 새 교육의 선봉 크리스텐 콜트(Kristen Kold; 1816~1870)는 그룬트비히의 이상을 순수하게 받아들여서 비상한 열성과 탁월한 역량으로 전 생애를 바쳐 국민고등학교의 교육을 실천에 옮겨 발전시킨 덴마크 근대교육 진흥의 선구자이다. 국민고등학교를 스스로 설립하고 또 이 사업을 위하여 평생을 바친 사람들이 허다하지만 콜트가 국민들에게서 특별한 존경과 찬사를 받았고, 그 명망이 가장 높았던 것은 그가 경영한 사업의 규모가 커서가 아니라 국민고등학교의 올바른 방향을 잡아 현명하게 실천한 까닭이다.

(注5) "1933년 수원고농 재학 시절 우찌무라 간조의 『덴마크 이야기』라는 수첩 크기의 작은 책을 읽고 나라 없이 살던 그 시절에 나는 국가관을 확립했다. 내가 일생 동안 할 일은 민족의 광복을 위하여 이바지하는 일이며, 조선을 동양의 덴마크로 만드는 일이었다. 덴마크는 내가 바라보는 이상국가의 상징이었다… 6 · 25 피난 중에 덴마크의 교육과 협동조합 운동을 내용으로 한 『새歷史를 爲하여』를 쓴 것은 한 번도 본 일이 없는 용을 그린 것과 같은 것이다"(1956년 11월 8일, 꿈에 그리던 히드 현장(황무지공원) 방문 시 감회에 젖은 느낌의 회고).

(注6) "…인쇄도 장정도 보잘 것이 없었으나, 놀라운 속도로 팔려 나가 몇 해 동안에 26판을 거듭하였으며, 한국 농민운동의 바이블로 애독되었다. 아래로는

농민으로부터 위로는 농촌지도자는 물론 국가의 원수에 이르기까지 애독하는 독자가 되었다. 공무원과 군인들도 널리 읽었다. 나는 이로 인해서 한국 덴마크협회 회장이 되었고 그 책의 인세로 평화농장을 개설하였으며, 책을 출판한 서점은 농업서적의 저명한 출판사로 성장했다. 내가 후일에 재건국민운동본부장이 된 것도 이 저서 때문이라고 생각한다"(『나라사랑; 성천 유달영의 생애』).

(注7) 그 대표적 인사 몇 분을 소개하면 다음과 같다.

(1) 류태영(청와대 새마을운동 담당관과 건국대학교 부총장 역임) 박사는, 서울에서의 야간대학 재학 중의 고학 시절, 『새歷史를 爲하여』를 읽고 감명을 받아 덴마크 유학을 염원하다가 덴마크 여왕에게 친서를 올려 유학을 간청, 여왕의 지시로 유학까지 다녀오게 된다.

(2) 유달영 교수의 제자인 서울농대 원예학과의 이병일(李炳馹) 교수는 인천의 명문 동산 고등학교 수석 졸업자로, 애초 공학을 전공하려다가, 『최용신양의 생애』와 『새歷史를 爲하여』를 읽고 농학 전공으로 돌아섰다는 것.

(3) 수원 근교의 한 경찰지서 주임 한정혁 경위는 이 책을 읽고 관내 안녕리에 성인학교와 공동 가축사육장과 공동 묘포장을 설치 운영하는 한편 서점에서 많은 부수의 『새歷史를 爲하여』를 사다가 주민들에게 배포하는 등 본직인 경찰관 업무보다도 농촌계몽사업에 지나치게 열중, 변두리로만 좌천을 거듭 당하였는데, 그럴수록 초지를 꺾지 않고 가는 곳마다 농촌계몽 사업을 시도하다가, 무리한 사업 추진으로 일찍 사망하고 만다 (『인생노트』).

(4) 경기도 여주, 이천 일대에서 '샛별회'라는 농촌(농민)운동 단체를 설립 운영하고 있던 박승식 씨도 이 책에 감명을 받아, 농촌문고 사업과 과학적이고 합리적인 농업기술 보급운동을 벌이게 되는데, 아깝게도 1962년 1월 30일 수려선의 기차 전복 교통사고로 사망하자, 유달영 교수는 자신의 저서 『인간발견』에 그를 추모하는 글을 싣고 있다.

PART 17

《뿌리깊은나무》라는 잡지

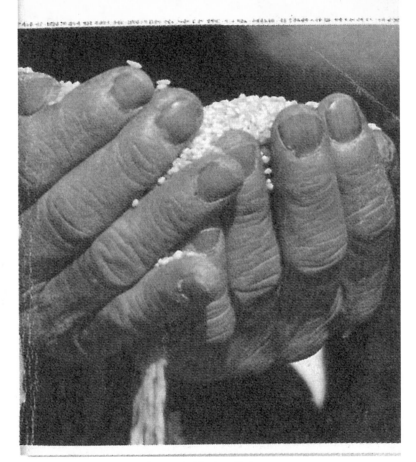

1976년 3월, 한창기가 발행한 《뿌리깊은나무》창간호

《뿌리깊은나무》라는 월간잡지가 있다. 금년 1월호로써 지령 47호를 기록하게 되는 이 잡지가 확보하고 있는 독자층은 매우 광범위한 것으로 알려져 있다.

들리는 바에 의하면 고급 지식인과 회사원으로부터 저 시골의 할아버지, 촌색시, 공단의 근로자들에 이르기까지 모든 계층의 사람들이 모두 이 잡지를 즐겨 읽고 있다는 이야기이다. 또 이른바 고등교육이라는 것을 받지 않은 사람들일지라도, 중학생 정도의 지적 수준에 도달해 있는 사람이거나, 나이 30 정도의 사회생활 경험만 가지고 있는 사람들이라면 충분히 이 잡지의 애독자가 될 수 있는 그러한 평이한 내용의 잡지라는 이야기이다.

필자도 오래전부터 이 잡지가 지니고 있는 그러한 저력결코 소문만이 아닌을 눈여겨보고, 또 애독해 오고 있는 터이지만, 처음 이 잡지를 대하게 되었을 때는 그리 탐탁스럽게 여겨지지 않는 점도 있었다. 우선 제명題名부터가 어찌 보면 좀 경망스러운 것 같기도 하고 구호적인 냄새를 풍겨주는 것 같을 뿐 아니라, 전반적인 편집체제가 종래의 눈 익혀 온 잡지들과는 판이하고 낯선 스타일이어서 상당한 저항감을 갖지 않을 수 없었다.

또 그러한 저항감을 갖게 된 보다 주요한 원인의 하나는 그 무렵이 잡지의 창간 무렵 우후죽순 격으로 쏟아져 나온 많은 창간 잡지들주로 포터블 스타일의 책자들이라 할 것인데이 한결같이 상업주의적인 요소가 짙은 것에 실망한 나머지, 이 잡지에 대해서까지도 도매금으로 저항감을 갖게 되었던 데에 있었던 것이다.

70년대에 쏟아져 나온 많은 잡지들이 대개 그러하듯이 이 잡지도 그저 그렇고 그런 내용을 담은 잡지이를테면 대중들의 무분별한 소비욕이나 레저(Leisure) 취향에 무절제하게 영합하려는 '적당주의식' 잡지류에 속하는 것일 게고, 또 그러한 잡지들이 으레 그러하듯이 곧 만네리즘에 빠져버리게 된다거나, 그러다 보면 몇 호 안 가서 슬그머니 자취를 감추어버리고 마는 그러한 길을 걷게 되겠지 하는 선입감에 지배되었던 게 사실이다.

그런데 이 잡지를 계속 읽어가는 도중에 '그게 아니구나.' 하는 생각이 들기 시작하였다. 어딘지 모르게 친밀감을 느끼게 되었고, 또 자신감을 갖고 남에게 권장할 만한 잡지라고까지 생각하게 되었다. 그 무렵에 쏟아져 나온 잡지들 중에서는 가히 군계일학群鷄一鶴이라 할 만한 것이었다.

그러한 점은 이 잡지가 종래의 한국잡지와는 판이하게 다른 스타일로 꾸며지고 있다는 사실이를테면 '가로쓰기'라든가 '한글 전용'을 고수한다는 점, 중간중간에 짜임새 있게 끼워 넣은 삽도삽화의 재치 있는 구성미, 새로운 스타일의 광고가 던저주는 호소력에서도 드러나고 있지만, 보다 돋보이는 점은 이 잡지가 전체적으로 풍겨주는 놀라운 비평안 현장성 토속성 서민성에 있다 할 것이다. 그러면서도 이야기의 재미를 지속시켜 주는 긴장감을 잃지 않고 있는 것이다.

아무튼 이 잡지가 첫인상과는 달리 한번 읽어볼 만한, 그리고 한 번 권해볼 만한 책이라는 생각을 점점 더 굳혀 가게 되었는데, 마침 그때 이 잡지의 단골 기고가인 후배 K군이 이 잡지에 대한 좀 더 상세한 오리엔테이션을 해주는 것이었다. 《뿌리깊은나무》의 발행인은 이 잡지를 창간할 때 종래의 한국잡지와는 무엇인가 좀 다른 점이 있다는 평을 받을 수 있는 스타일로 꾸며 보겠다는 강한 신념을 가지고 출발하였다는 것인데, 또 그 신념이란 민중을 위한 잡지, 서민을 위한 잡지를 만들어 보겠다는 뜻으로 이해할 수도 있겠다는 생각이다.

그러한 발행인의 강한 의지그 잡지사로서는 사시(社是)가 되겠지만로 기획되고 통제되는 이 잡지는 따라서 편집진의 구성이나 필자의 선정, 주제의 채택에 집요하리만큼 엄선주의嚴選主義를 고집할 수밖에 없다는 이야기였다.

그렇다고 《뿌리깊은나무》는 필자의 선정이나 주제의 채택에 있어서 권위주의적인 입장에 서 있는 것만은 결코 아니다. 사계에서 이미 권위와 인기를 확보하고 있는 것으로 정평이 나 있는 '유명인'에게만 집필의 기회가 주어지는 것은 아니다. 독자들에게 낯익은 각 분야의 전문가들로 필진을 구성하고 있으면서도, 때로는 그 이름이 생소하기조차 한 신인들을 과감하게 발굴하고 있다.

또 채택하고 있는 주제나 소재도 흔히 우리들이 일상 속에서 잃거나 잊어가고 있는 것, 또 대수롭지 않게 여기기 쉬운 것, 숨어 있는 이야기들이나 잊히고 있는 이야기들이다. 그런데 그렇게 하여 채택된 기사 하나하나가 모두 신중하게 선택된 흔적이 엿보이고 강한 설득력을 지니고 때로 우리에게 큰 충격과 깨우침을 안겨 주는 데 이 잡지의 강한 점, 즉 저력이 있는 것이다.

그렇다면 아직 지령이 일천한 이 한 권의 신간? 잡지가 상업주의를 과감히 배제하고 시류에 휩쓸리지 않으면서도, 또 거대한 신문사 조직이나 두드러진 자금원의 뒷받침도 없이 쉽게 쓰러지지도 않고, 오히려 더 많은 독자층을 확보해 가고 있다는, 일익 신장하는 그 이유를 알만한 것이다. 이러한 점에서 본다면 이 잡지는 창간 취지를 그대로 살리면서도 또 상업적으로도 성공한 잡지라 할 것인데, 이는 이 잡지가 독자들에게 그 무엇인가 신선한 감동을 안겨 주고 어떤 호소력을 던져 주고 있기 때문이 아닌가 한다.

환언하면 오늘날의 독자민중들이 어떠한 삶의 목표를 가지고, 또 어떠한 지적 태도에 입각하여 이 전환시대를 살아가려 하고 있는 것인가 하는 보다 근원적인 문제에 접근하면서, 그리하여 결국 시대정신과 민중의 염원을 잘 간파하고 그러한 민중의 지적 요구에 잘 호응하고 있기 때문이라고도 볼 수가 있다.

《뿌리깊은나무》의 필자들 가운데 많은 사람들이 자유기고가自由寄稿家; Free-writer들이다. 이 자유기고가 제도를 이 잡지는 잘 활용하고 있다 할 것인데, 필진이 몇 사람의 유명인타이틀 保持者?들로만 구성되어 있지 않고, 불특정 다수인에게까지 개방되어 있다 함은 이 잡지가 그 제작과정에서 권위주의적 자세를 배제하고 있음을 의미하기도 하고, 한편으로는 잡지의 제작과정에 보다 많은 사람들의 참여를 기대하고 있음을 의미하기도 한다. 그것은 대다수 민중들의 보편적 삶의 가치와 정서, 민중의 참된 삶의 모습을 보다 진실하고 생생하게 우리들에게 보여 줄 수 있음을 의미한다. 이 점이 독자들에게 보다 많은 친근감을 안겨주는 매력이 된다 할 것이다.

이 잡지가 지니고 있는 또 하나의 특색은 전통과 현대, 도시와 농촌의 삶의 모습을 동시에 우리에게 보여주고 있다는 점이다. 때로는 도시문명이나 귀족적인 삶의 병약성病弱性같은 것을 들춰내기도 하고, 농촌문명이나 서민적 삶의 건강성을 보여주기도 한다.

《뿌리깊은나무》는 몇 개의 기획기사를 연재하고 있다. 〈숨어사는 외톨박이〉〈이 땅의 이 사람들〉〈털어놓고 하는 말〉〈그는 이렇게 산다〉가 그것이다.

〈숨어사는 외톨박이〉는 현장취재 문학이다. 전통사회의 응달에서 오천 년을 살아온 사람들이를테면 내시 각설이 땅꾼 기생 장돌뱅이 심메마니와 같이 설움 속에 천대받고 살아온 밑바닥 인생소외된 인간들의 모습을 통해 그들이 우리 문화와 역사의 중요한 구성원들이며, 창조자들이었음을 증언하고 있다.

〈이 땅의 이 사람들〉은 새로운 형태의 전기문학傳記文學이다. 같은 궤도에 서있는 두 사람의 생애와 업적을 서로 견주어 분석하고 평가함으로써 그 낱낱의 인물이 우리시대에 지니는 참뜻을 입체적으로 부각시키고 있다. 여기에 등장하는 인물들은 모두 정치 경제 사회 예술 학문 종교의 여러 분야에서 한국 근현대사를 형성한 역사적 인물들이다.

〈민중의 유산〉에서는 잊혀져 가고 있는 민중문화의 여러 모습들, 이를테면 농악이나 판소리나 줄다리기 등의 모습을 화보를 곁들인 해설을 통해 재현함으로써 이러한 것들이 어제의 우리와 오늘의 우리를 이어주는 동질성의 젖줄임을 이해케 하는 것이다.

또 예술비평음악 문학 연극 미술을 통하여 문학과 예술의 대중화에 힘쓰는 한편, 대중문화 비평신문 방송 영화을 통하여 대중문화의 질적 고양을 시도하고 있다. 이러한 비평작업은 또한 민중문화의 창달에 크게 기여하고 있음을 간과해 버릴 수 없다.

학문이나 학교에 학풍이나 교풍이 있듯이, 한 권의 잡지가 그 잡지에만 고유한 개성 있는 편집 방향을 설정하고 계속 그러한 개성을 북돋아 키워 나갈 때, 독자들은 그러한 잡지에 무한한 친근감과 신뢰감을 갖게 될 것이고, 그렇게 되면 그러한 잡지는 이미 사회의 공기로서 독자민중들의 성원과 보호를 받고 성장해 갈 것이다.

그러한 관점에서 볼 때 《뿌리깊은나무》가 일관되게 다루고 있는 주제는 모두 한국 한국인 한국문화에 관한 것에 한정되어 있는 것임을 알 수 있고, 또 그것이 지니고 있는 개성 같은 것을 말한다면 서민풍을 지닌 잡지, 한국인의 구미에 가장 알맞은 토속적인 잡지, 건전한 민중문화를 추구하는 잡지라고 할 수 있을 것이다.

민중의 시대에는 민중들의 삶에 걸맞는 논리와 모랄과 정서가 필요한 것이므로 민중시대의 문화를 창달하고 전파할 매스미디어가 필요할 것인데, 《뿌리깊은나무》는 그러한 요구에 선구적으로 부응하는 잡지라고 할 수 있다. 이 잡지는 그럼에도 이데올로기적인 냄새를 조금도 풍기지 않을 만큼 세련되어 있다는 점에서 독자들에게 더욱 친밀감을 안겨 주는 것이다.

《뿌리깊은나무》는 독자들에게 영합하려는 잡지가 아니고, 독자들이 따라오도록 하는 힘을 가진 잡지임에 틀림없다.

※이 글은 1979년에 집필, 모 전문잡지에 발표했던 원고임을 밝혀둔다.

권선복
도서출판 행복에너지 대표이사
대통령직속 지역발전위원회
문화복지 전문위원

인류 역사는 문자와 함께 시작되고 발전해 왔습니다. 문자야말로 인간임을 정의하는 가장 명징한 증거이자 위대한 유산입니다. 물론 디지털 사회로 접어들어 종이가 없더라도 중요한 텍스트들을 안전히 보관할 수 있게 되었지만 그 이전 기록들은 여전히 때 묻고 낡은 도서와 문서에 담겨 있습니다.

『대한민국을 읽다』는 자타가 인정하는 '독서인'으로 살아온 김영모 저자가 가장 아끼는 주요 도서와 문서 자료를 한눈에 펼쳐 볼 수 있게 엮은 책입니다. 60여 년에 걸친 대한민국의 근대사 중 정치와 사회, 문화 분야에서 주요 포인트라 할 만한 부분들이 생생히 빛을 발하고 있습니다.

반백의 나이를 무색하게 하는 열정으로 좋은 원고를 써 주신 저자에게 다시 한 번 감사의 말씀을 드리며 이 책을 읽는 모든 독자 분들의 삶에 행복과 긍정의 에너지가 팡팡팡 샘솟으시길 기원드립니다.